MIS MONSTRUITOS

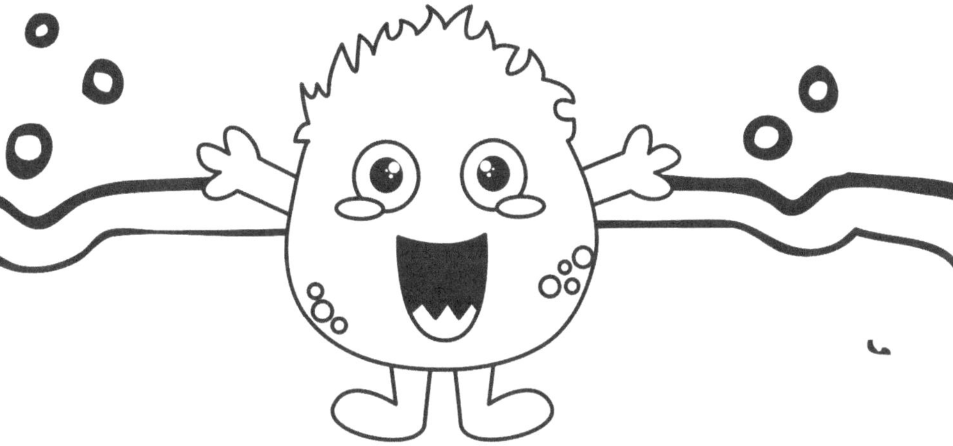

Este libro pertenece a:

____

____

____

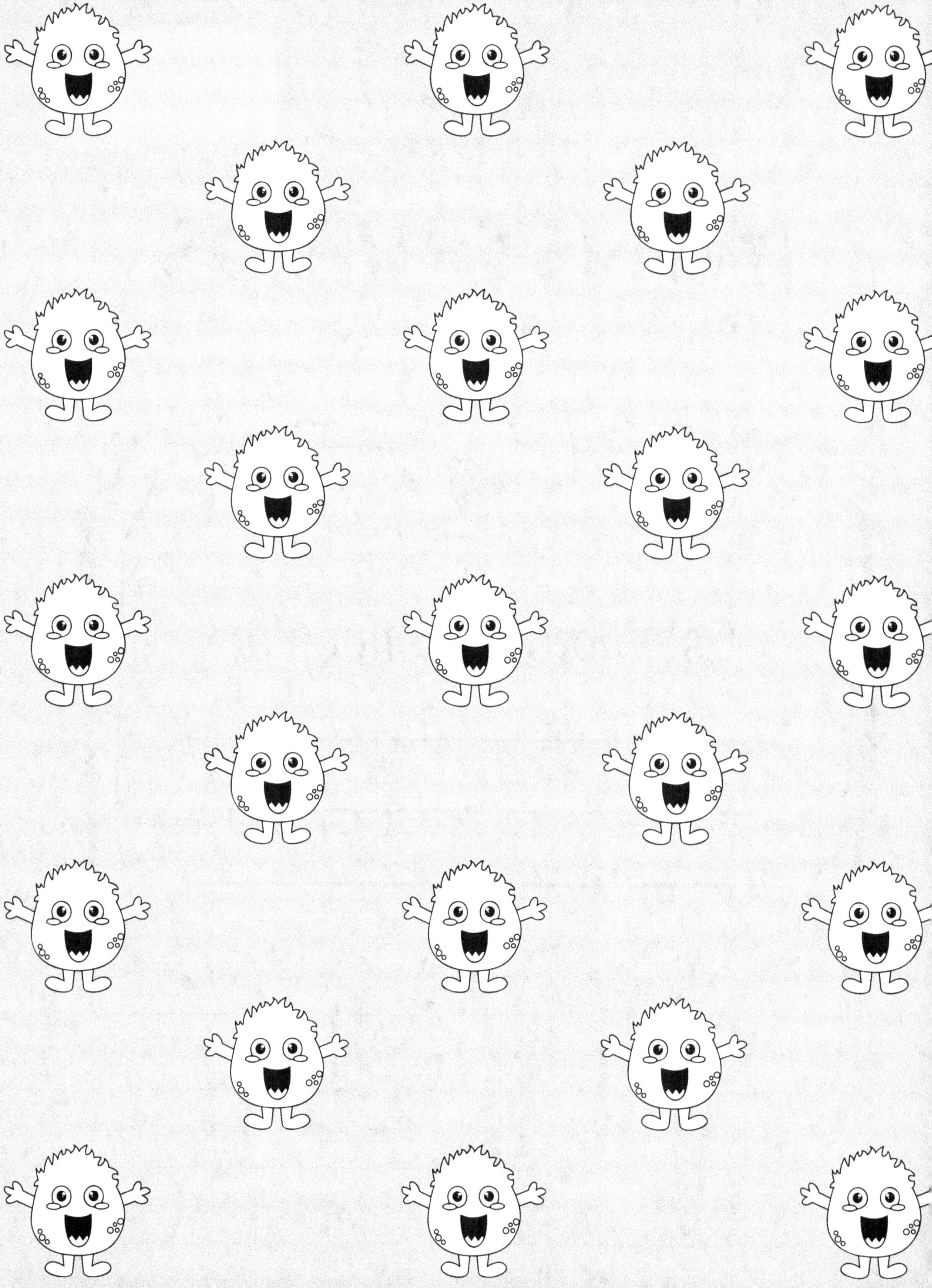

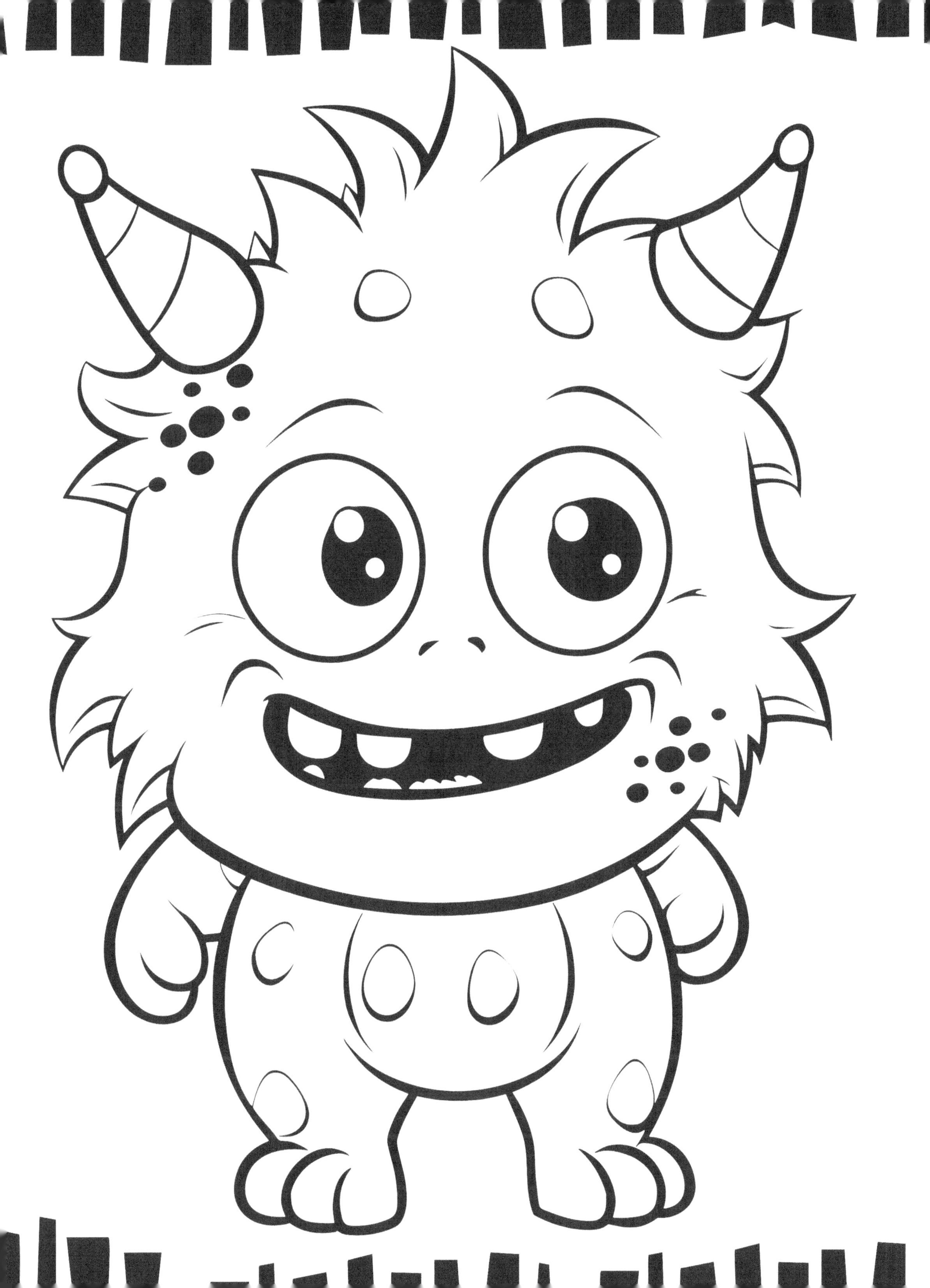

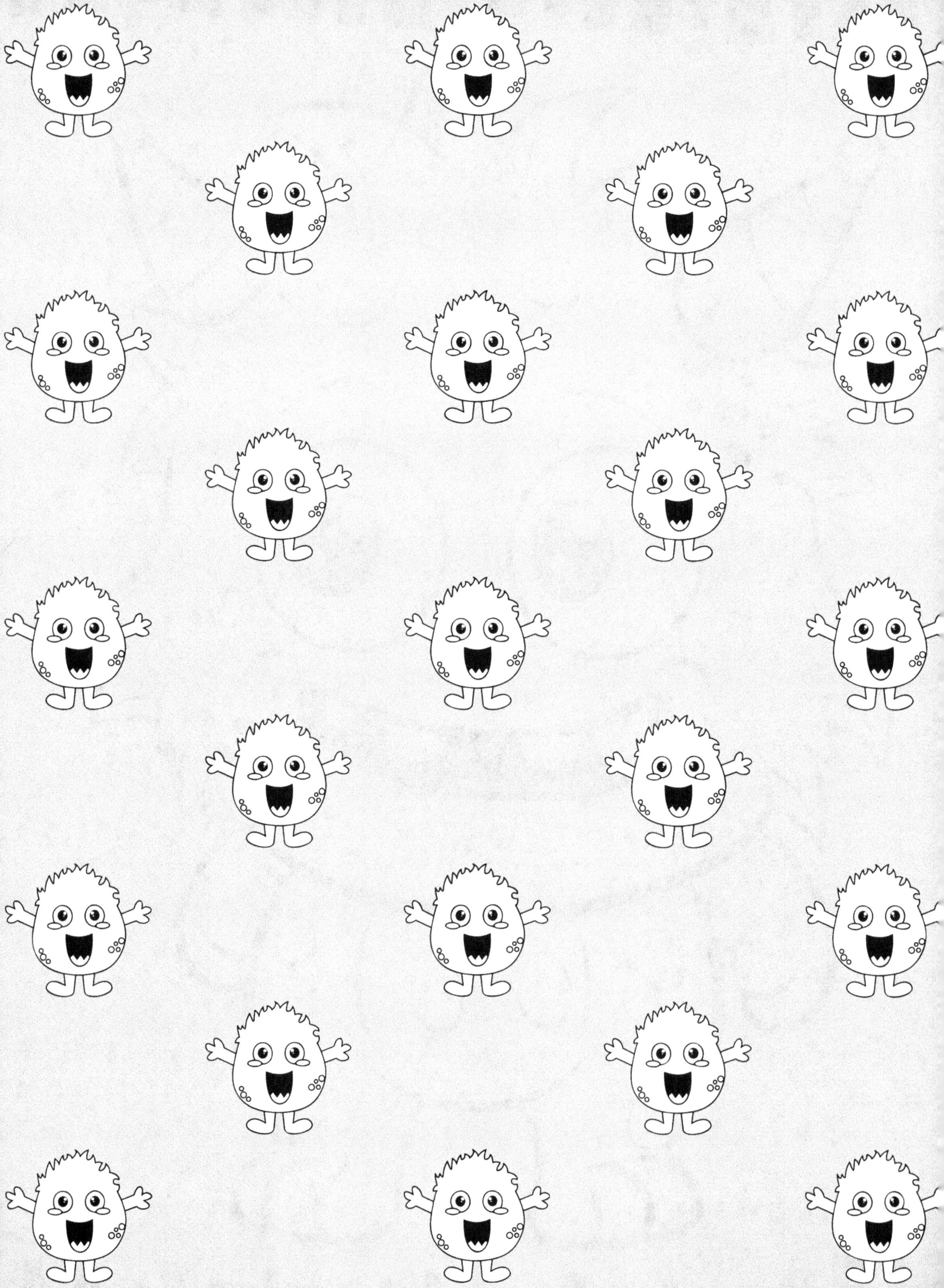

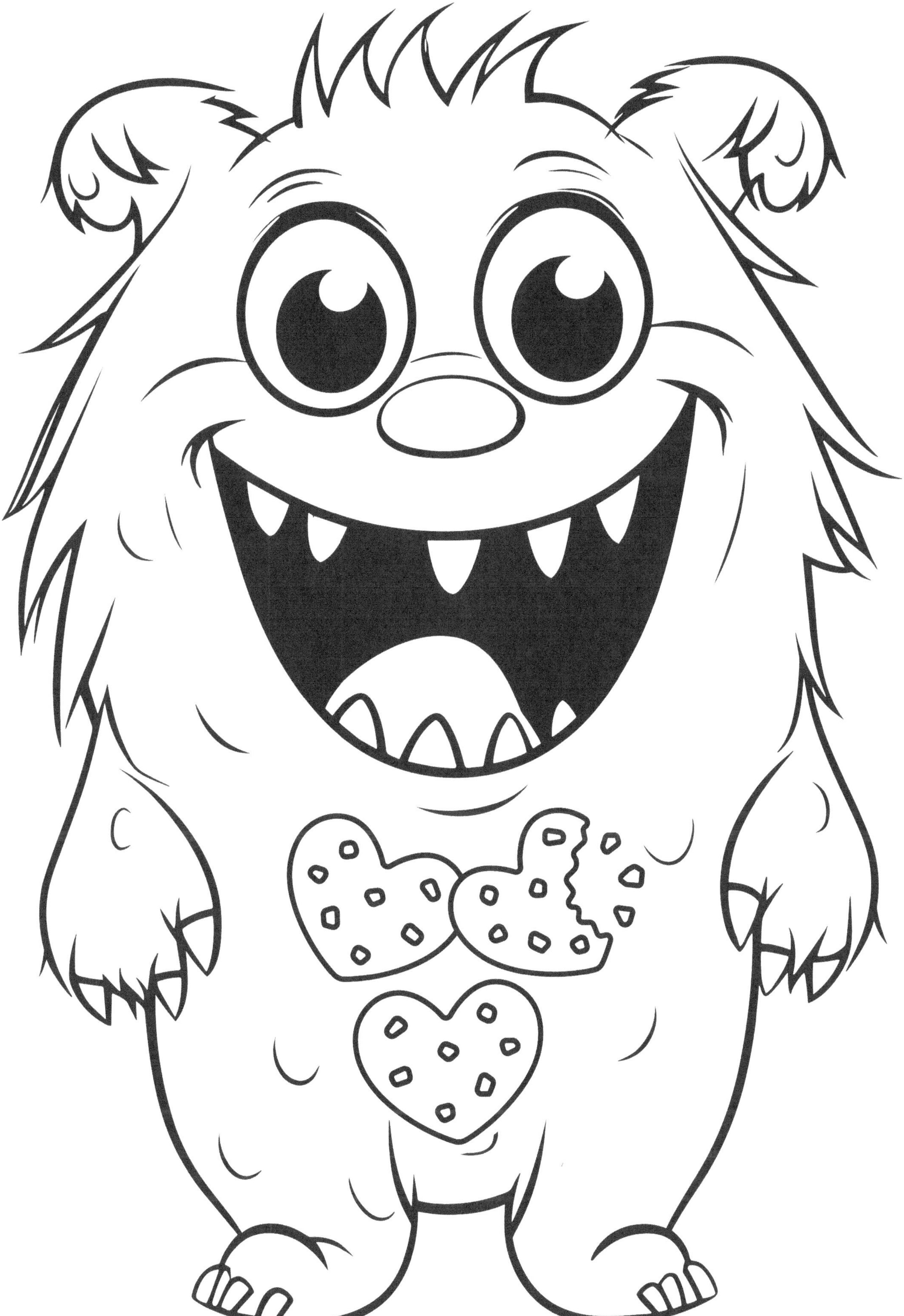

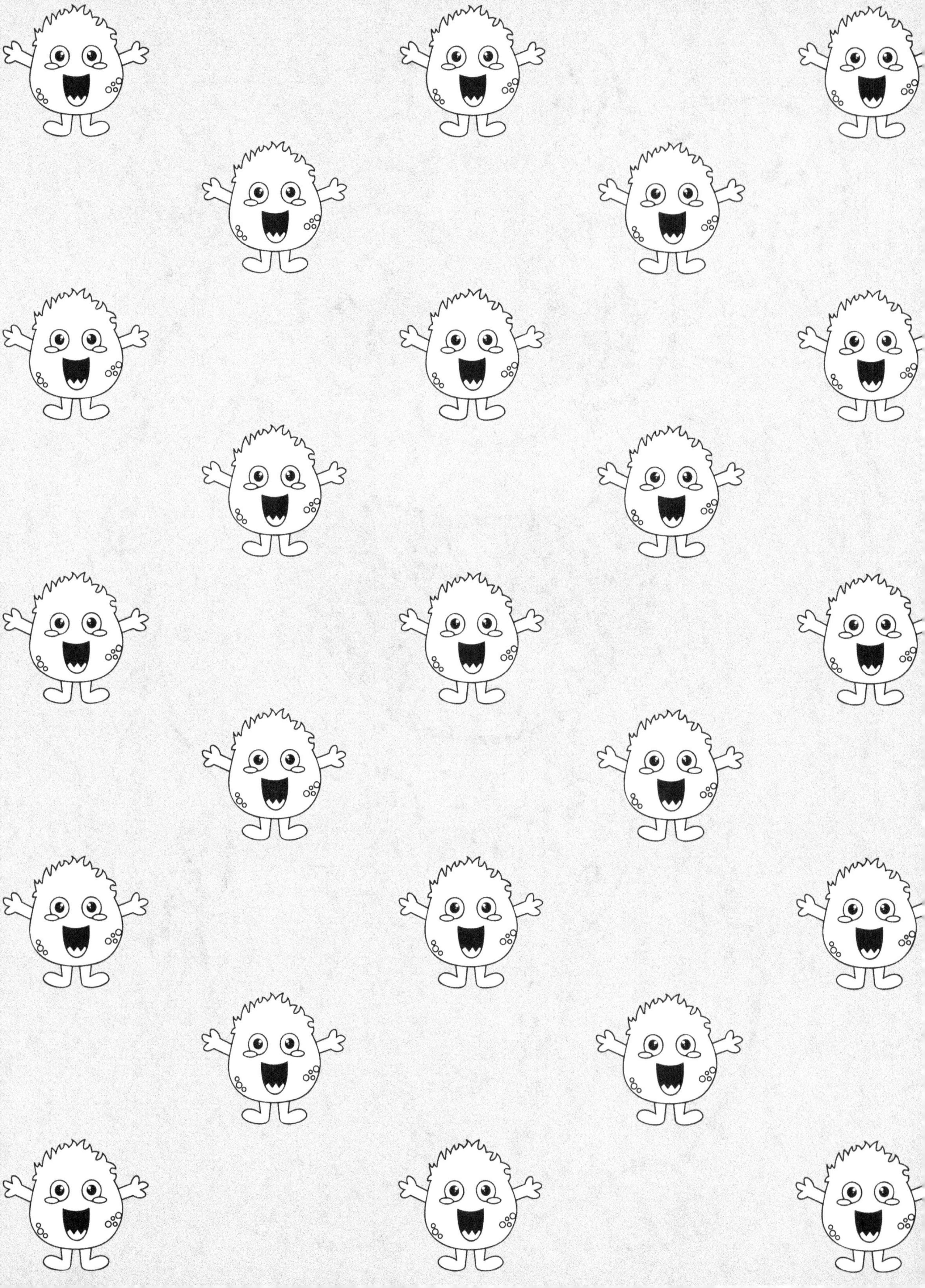

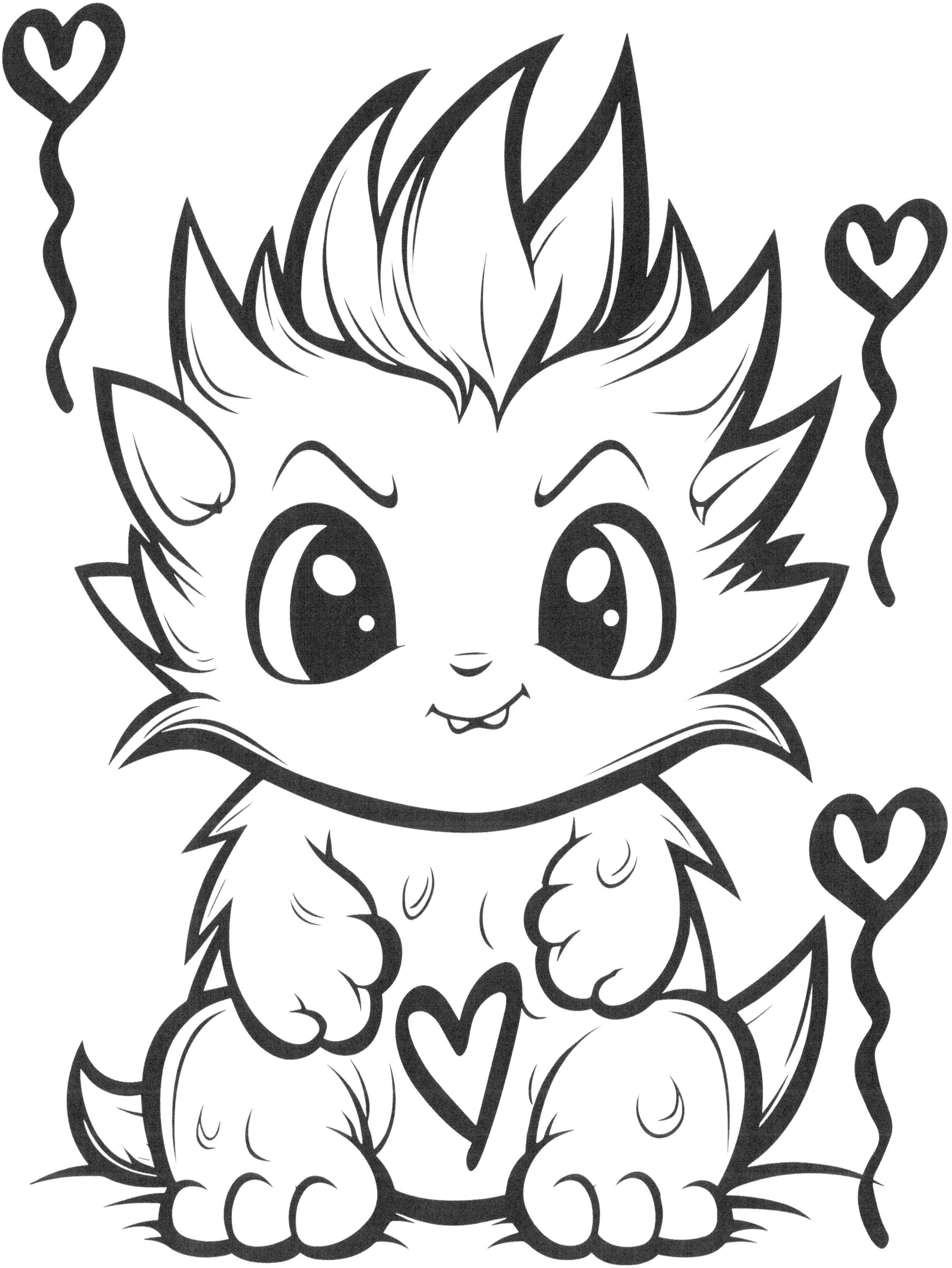

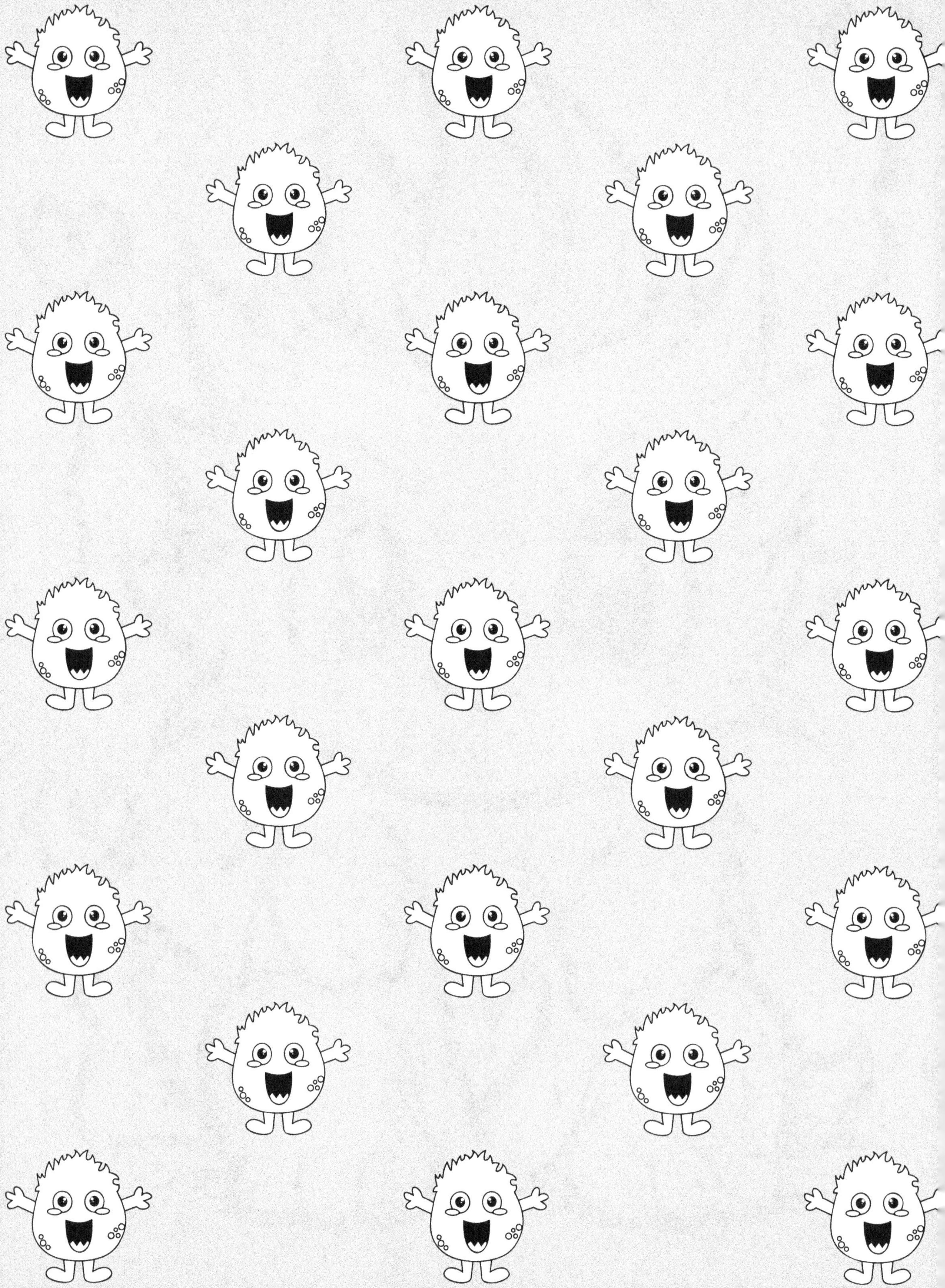

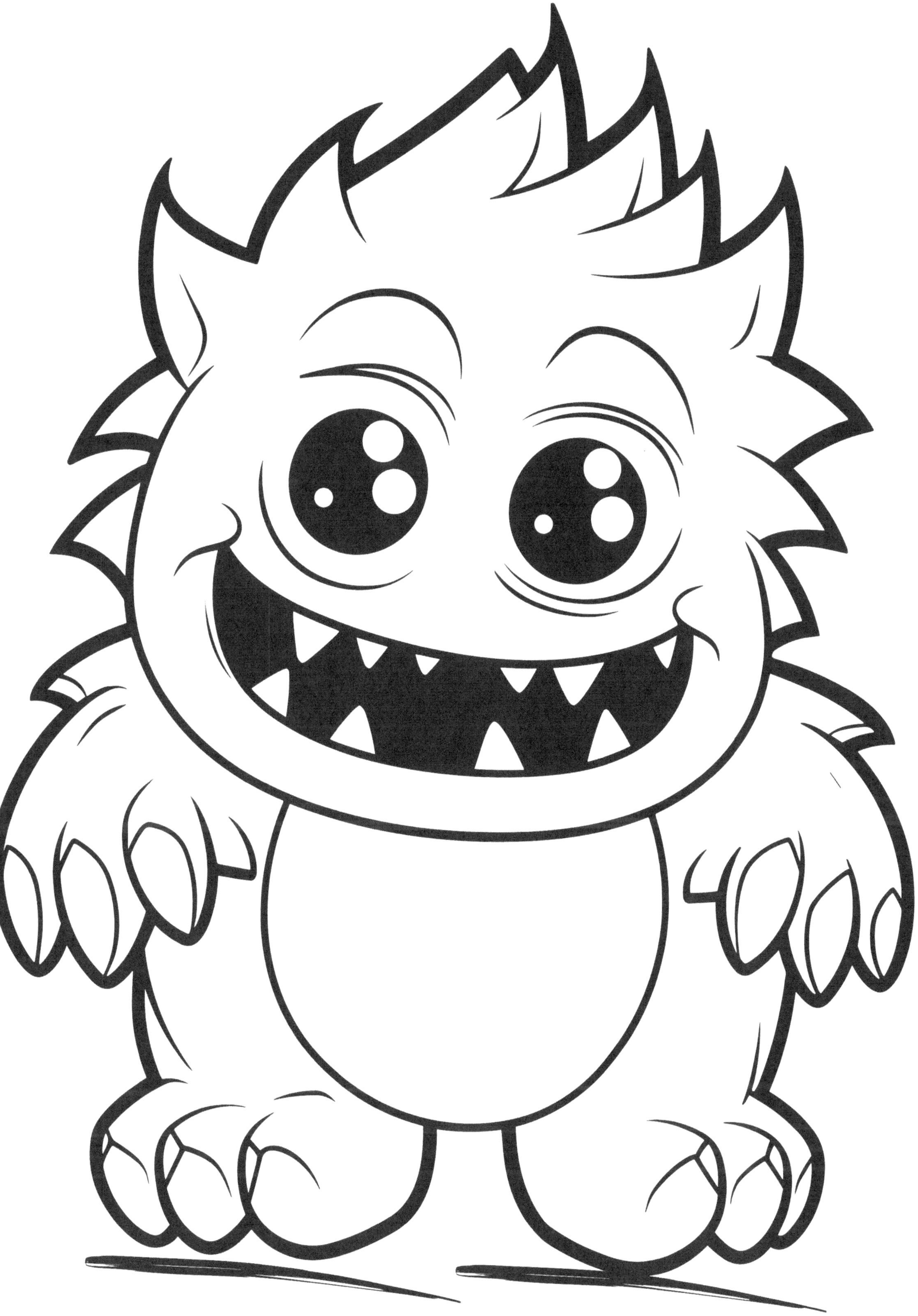

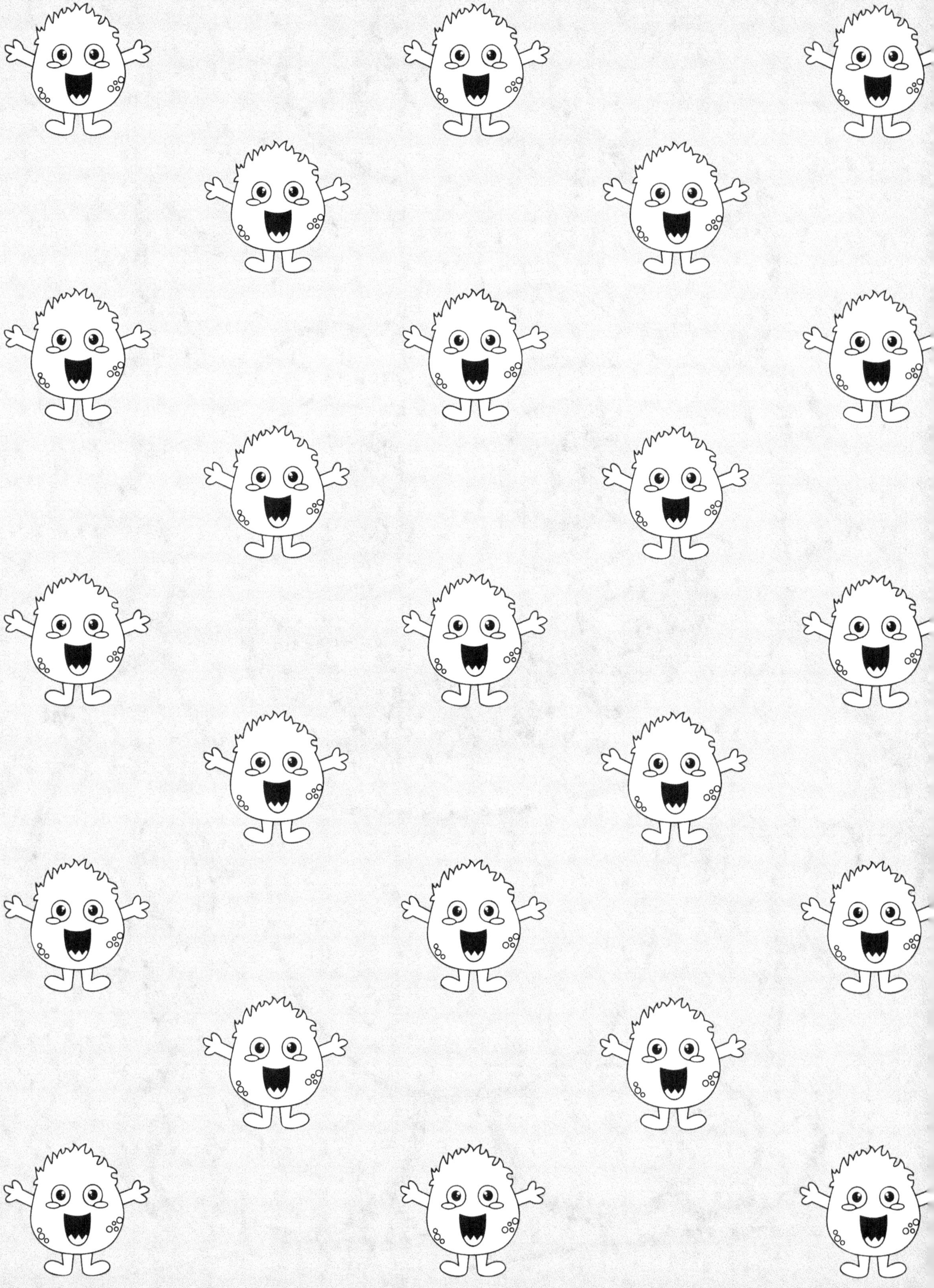

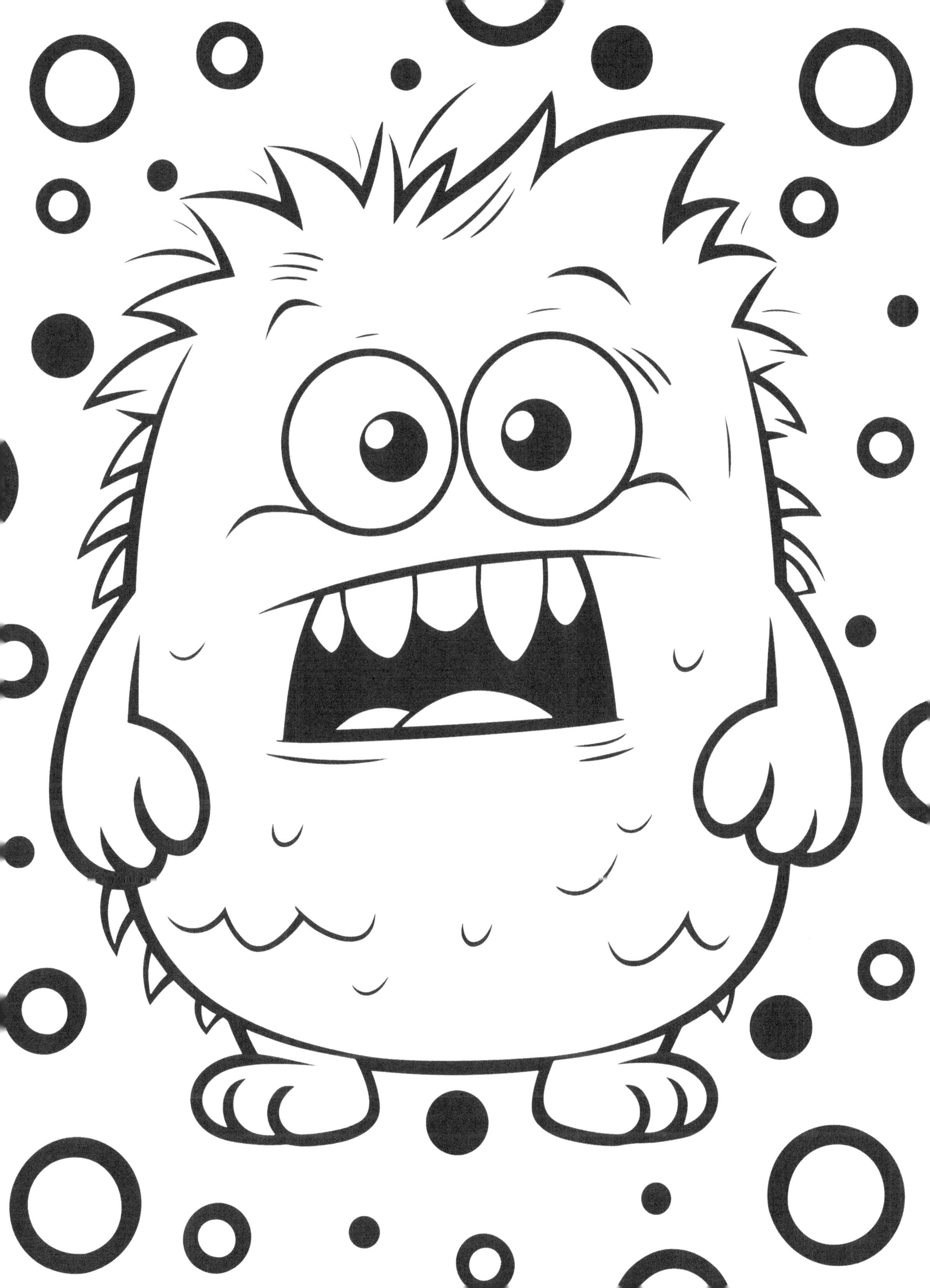

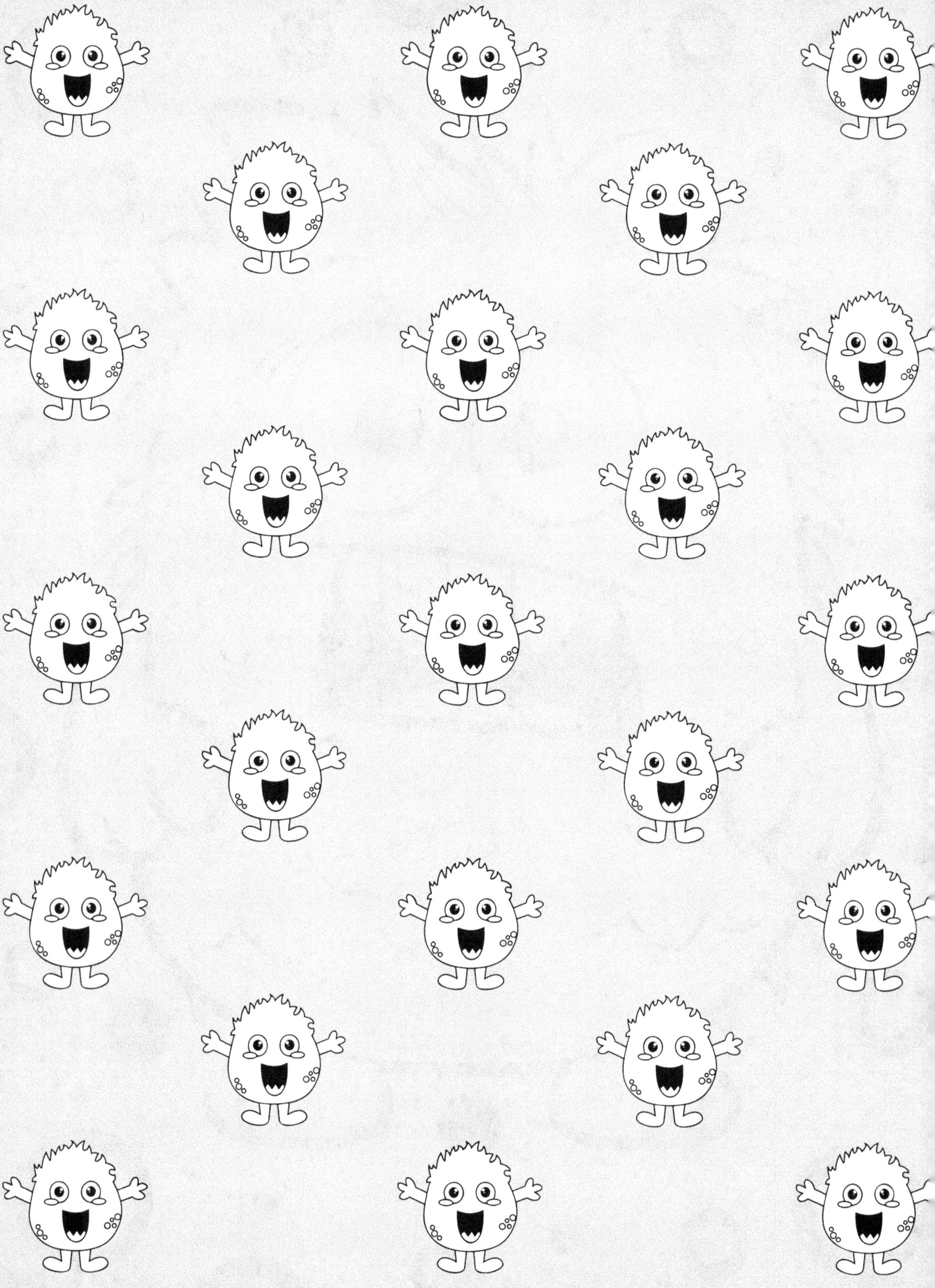

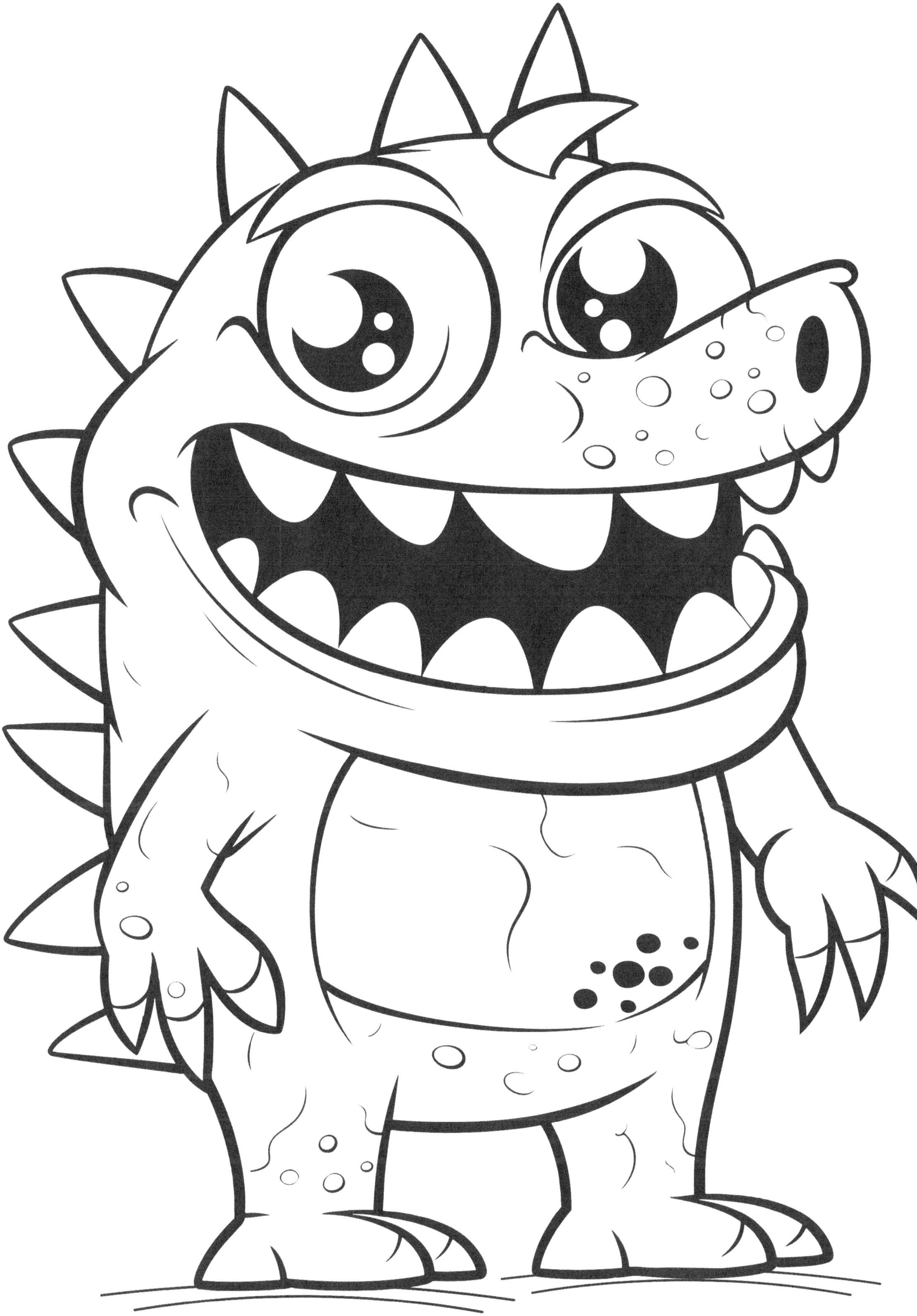

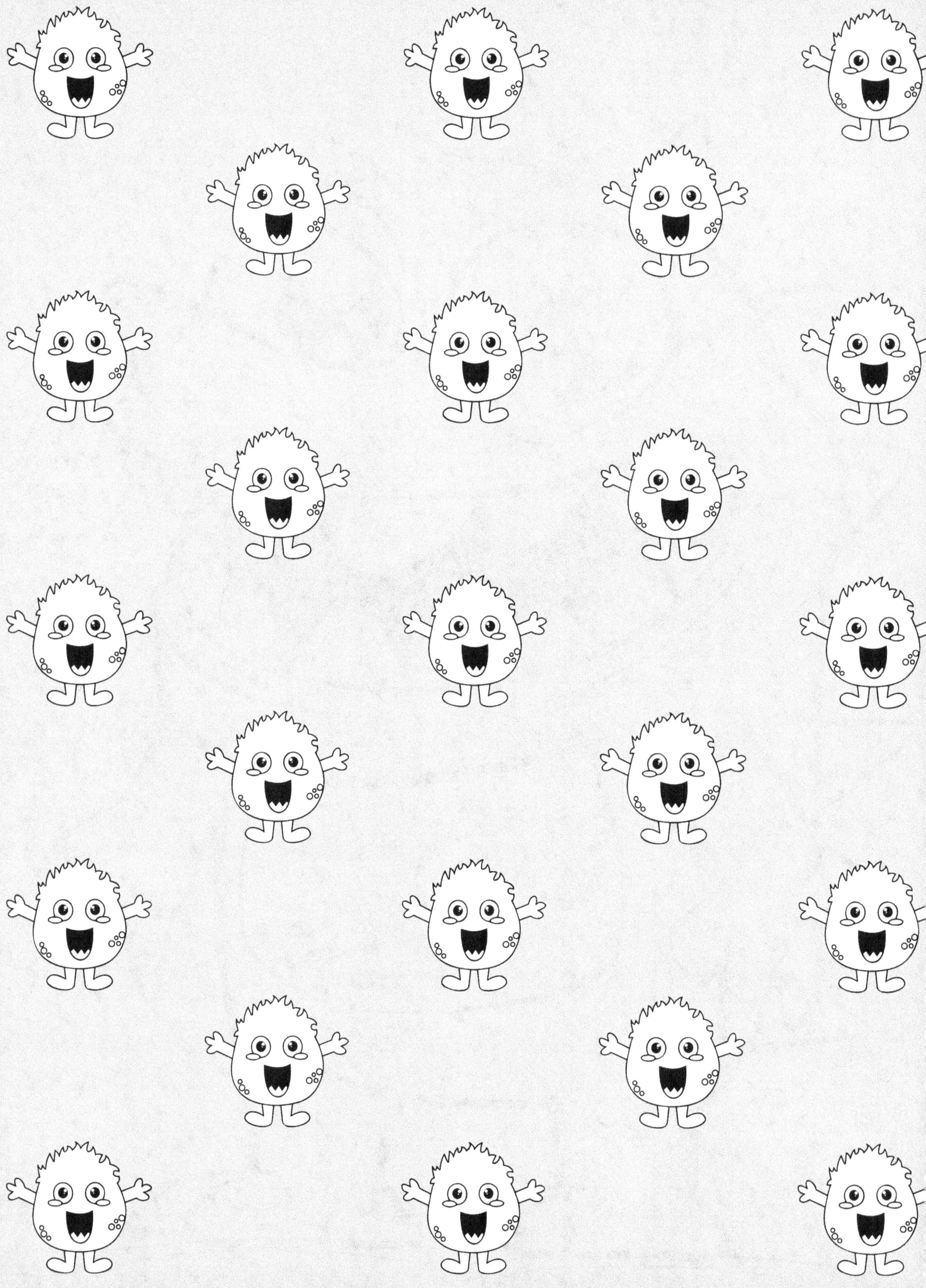

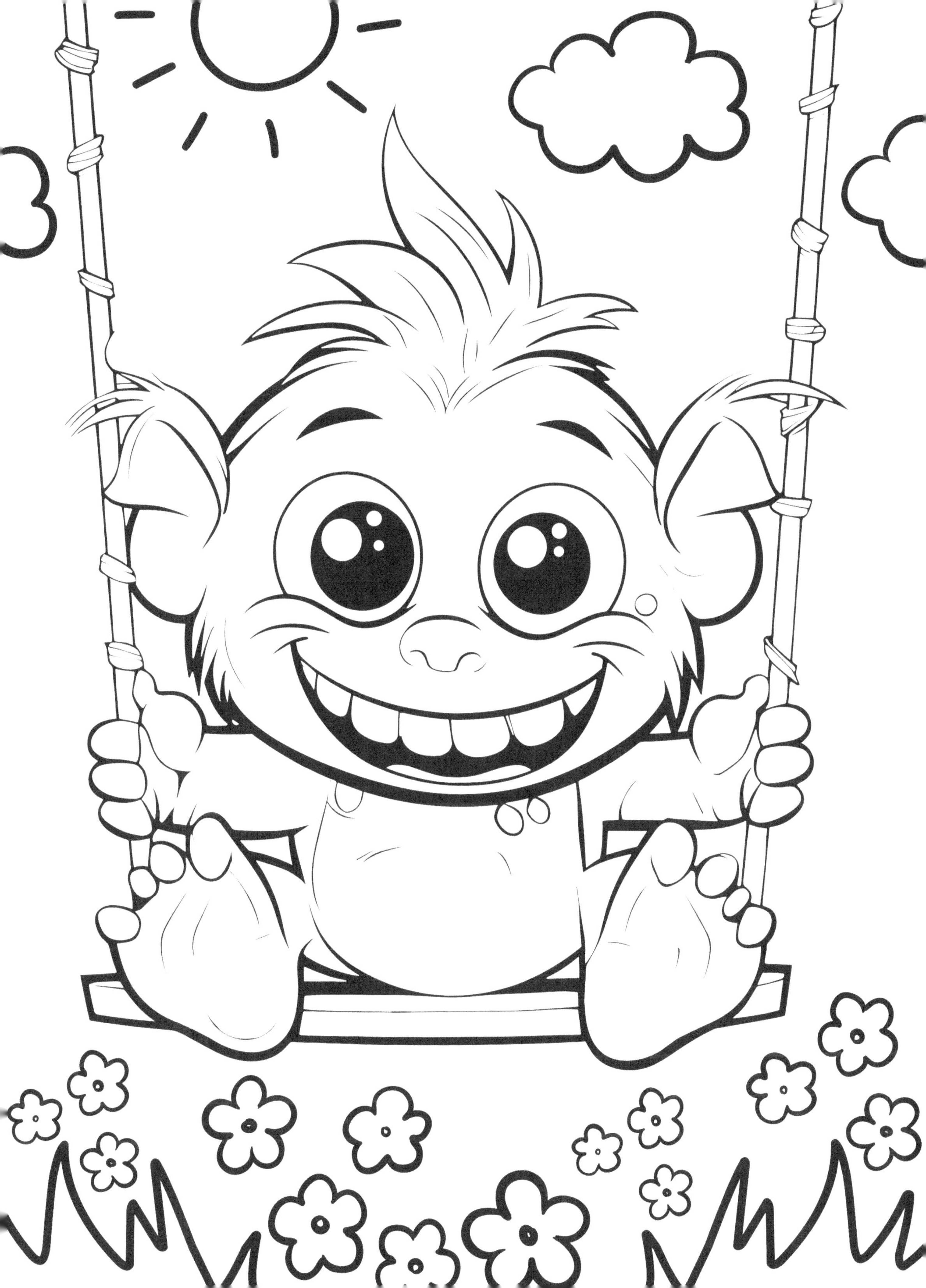

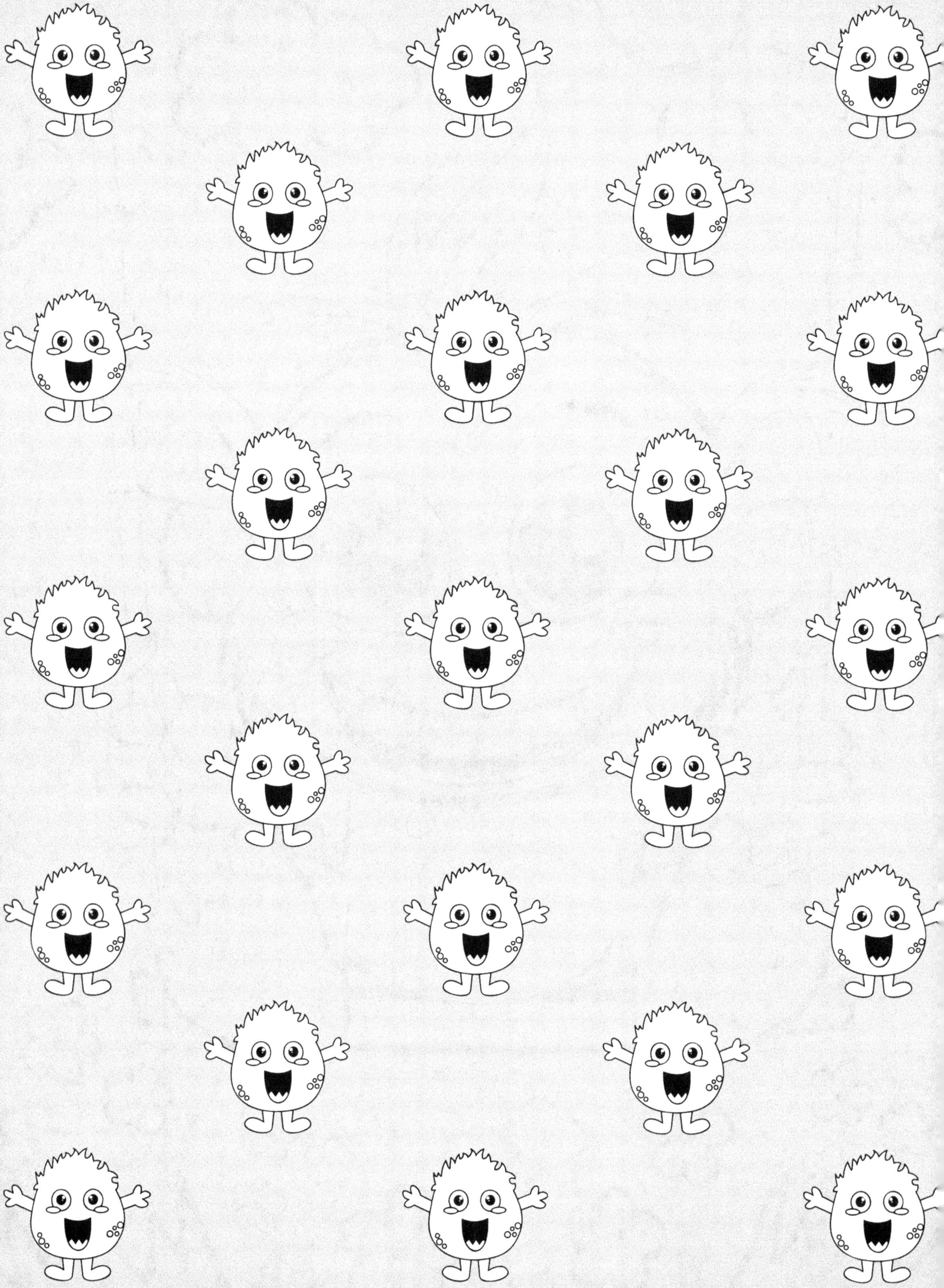

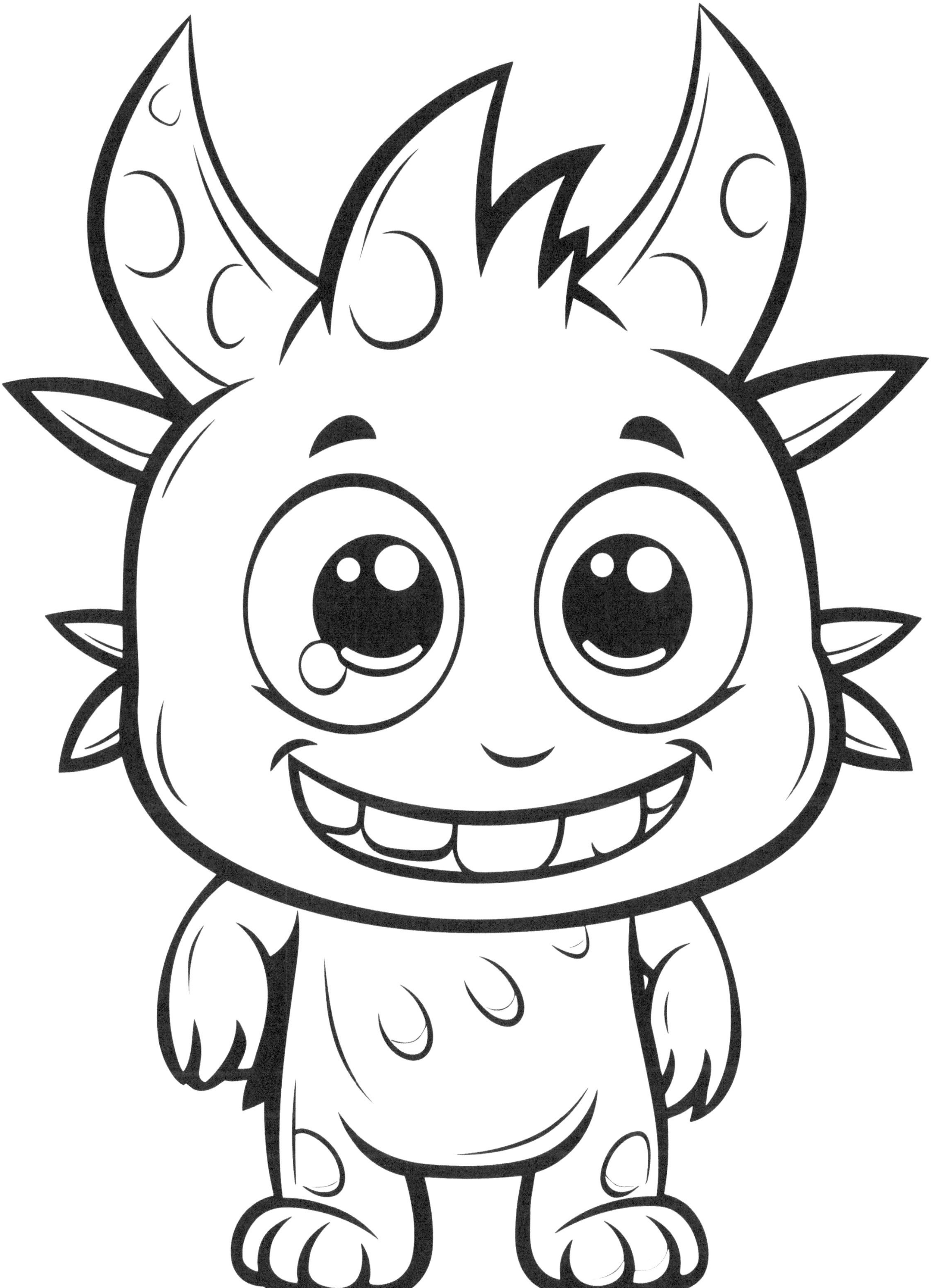

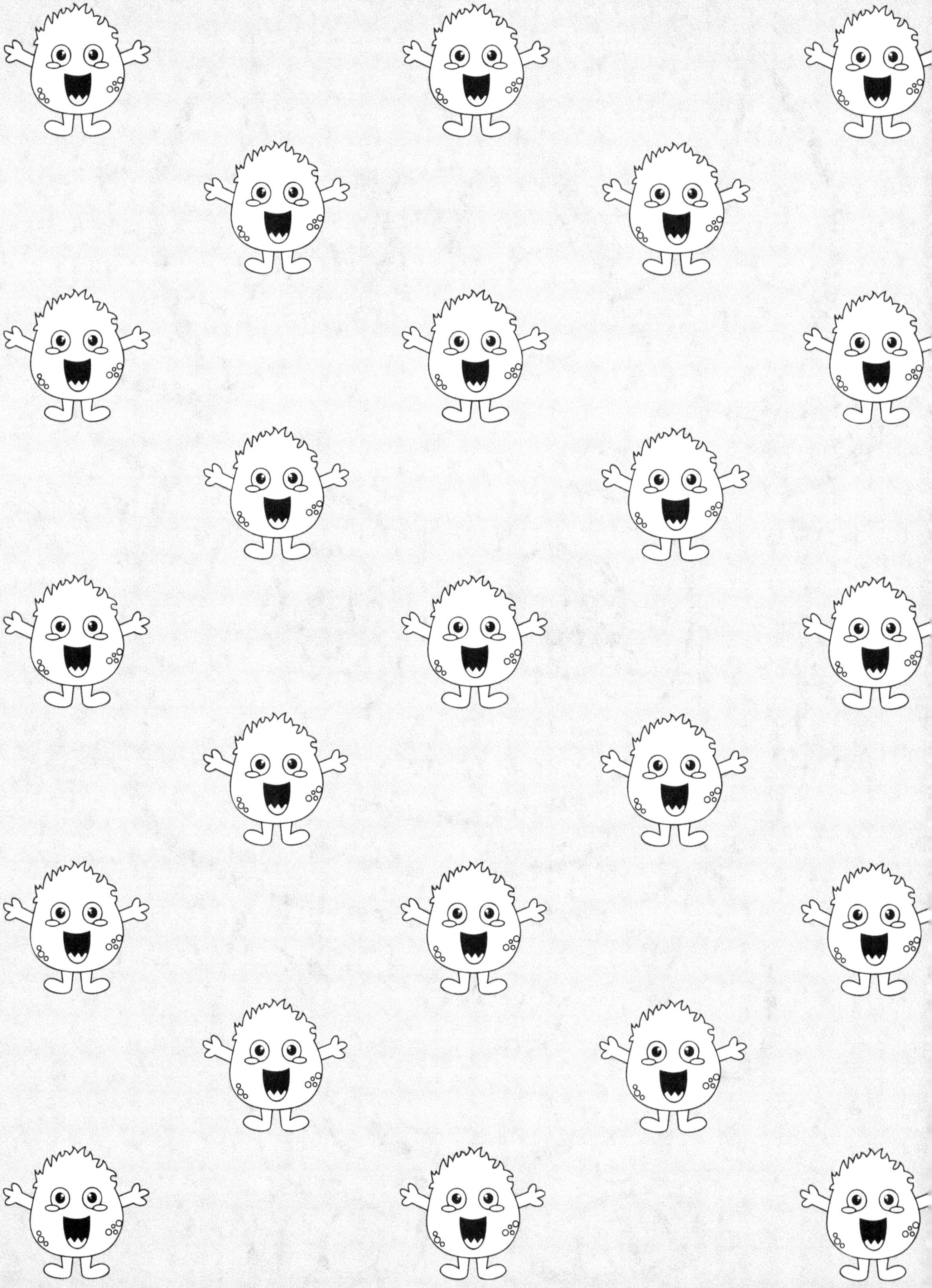

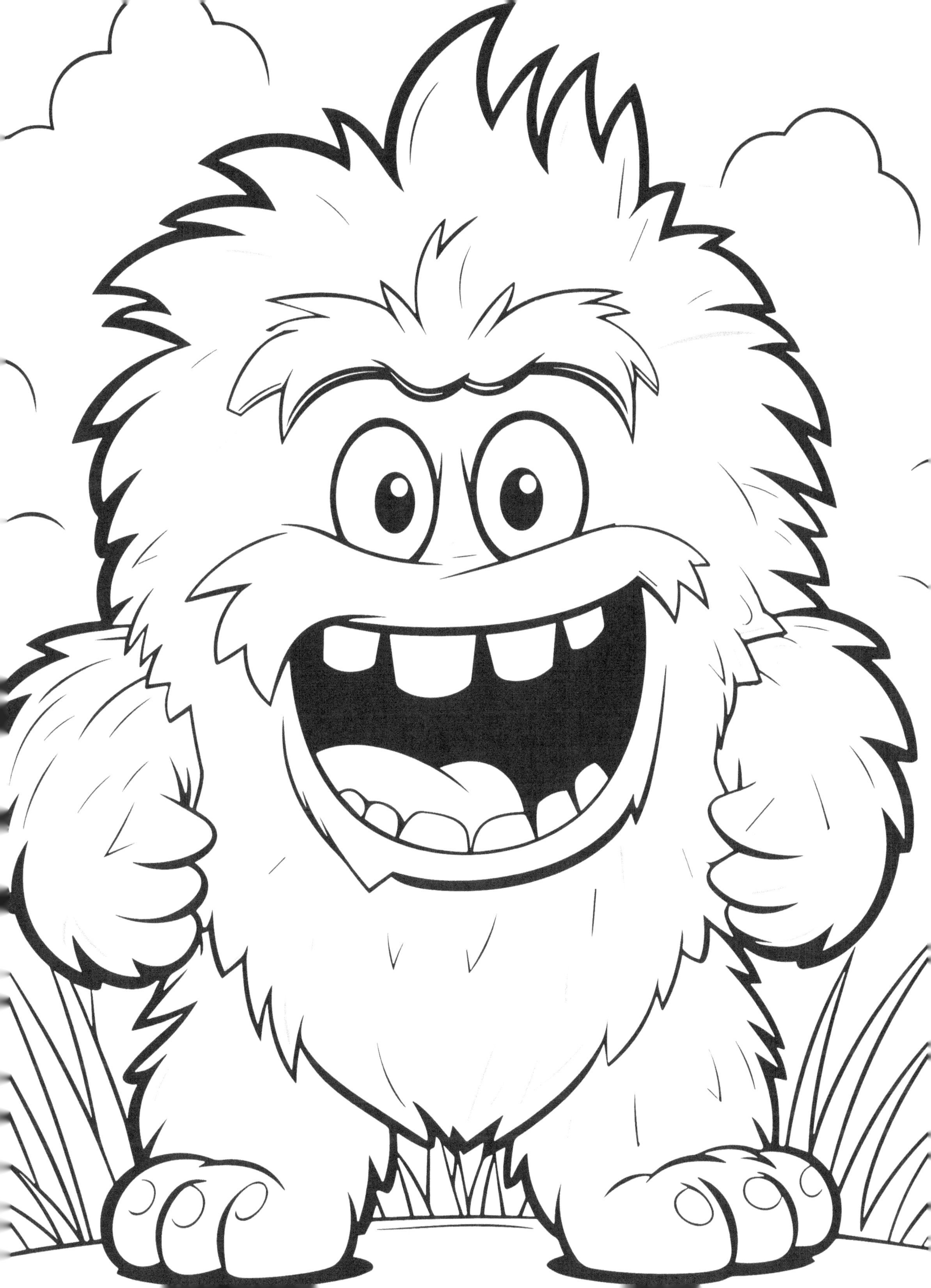

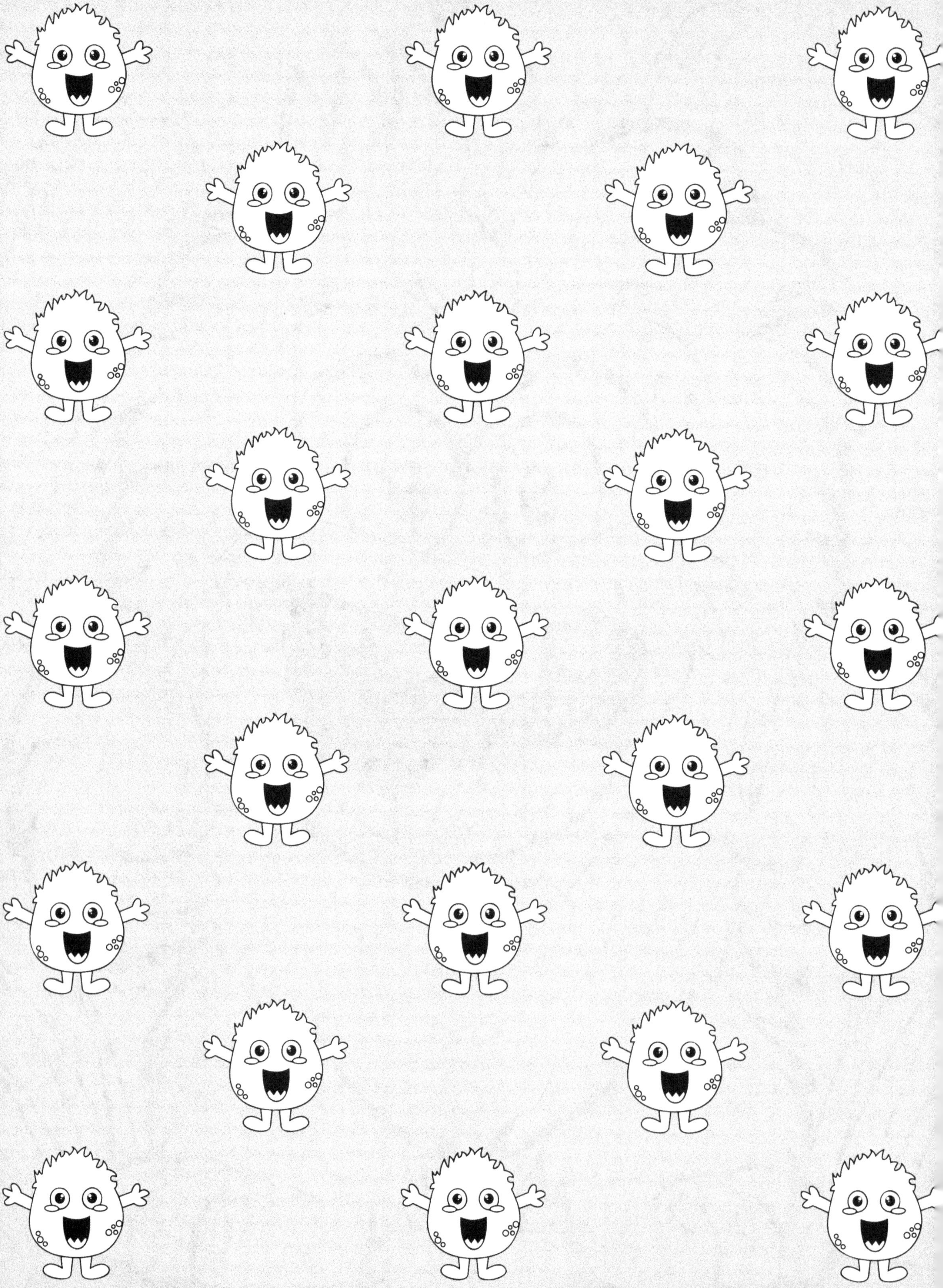

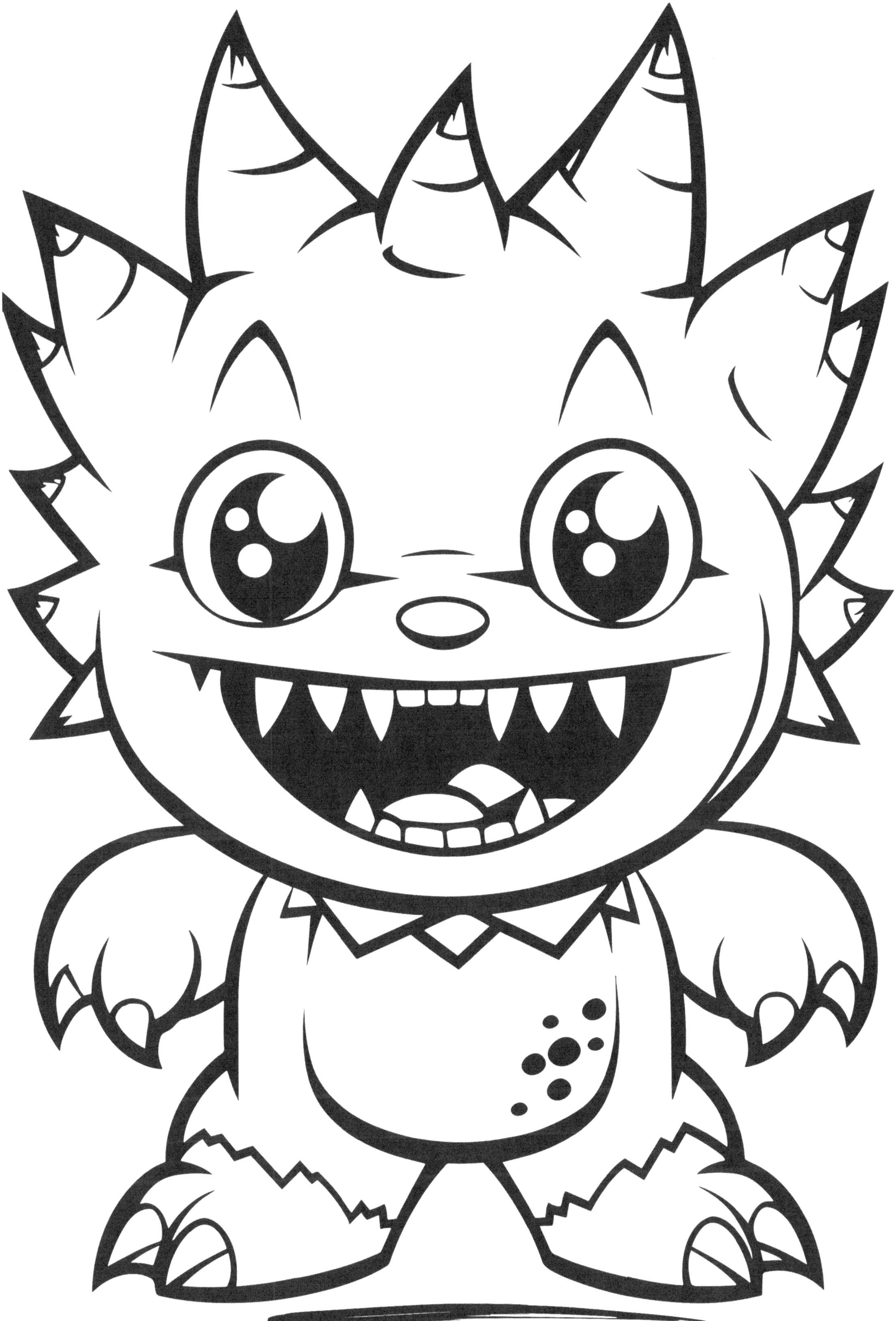

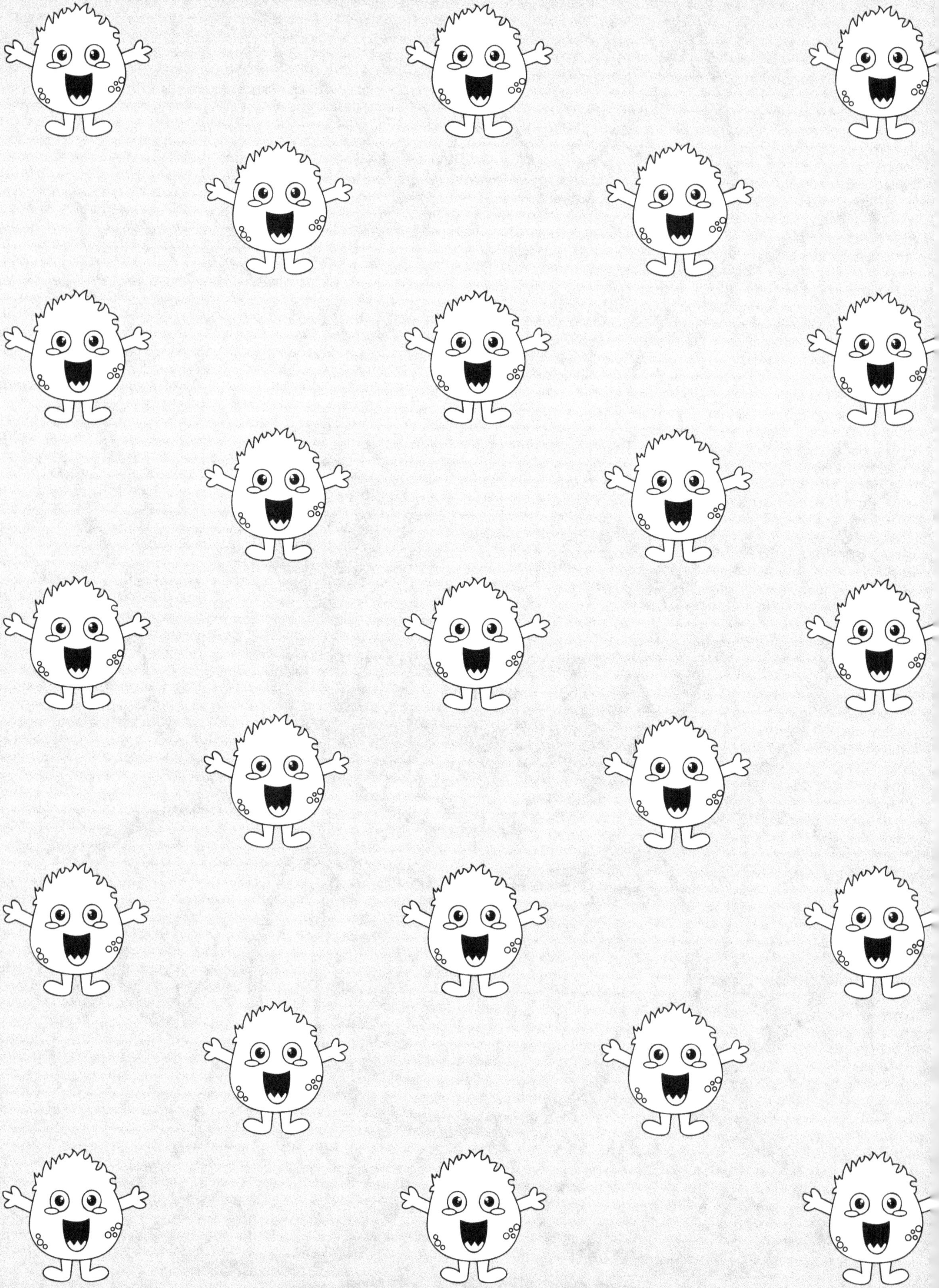

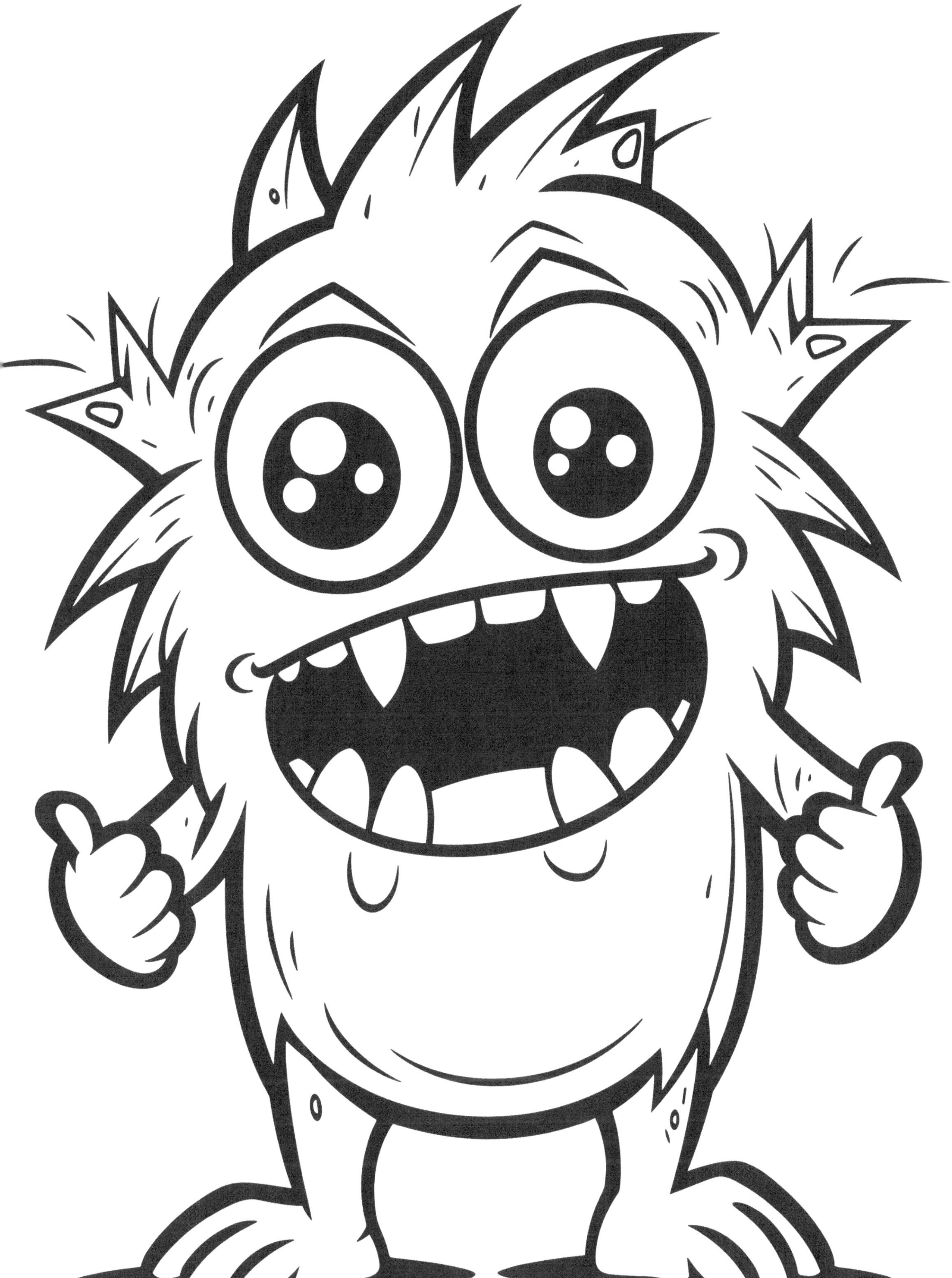

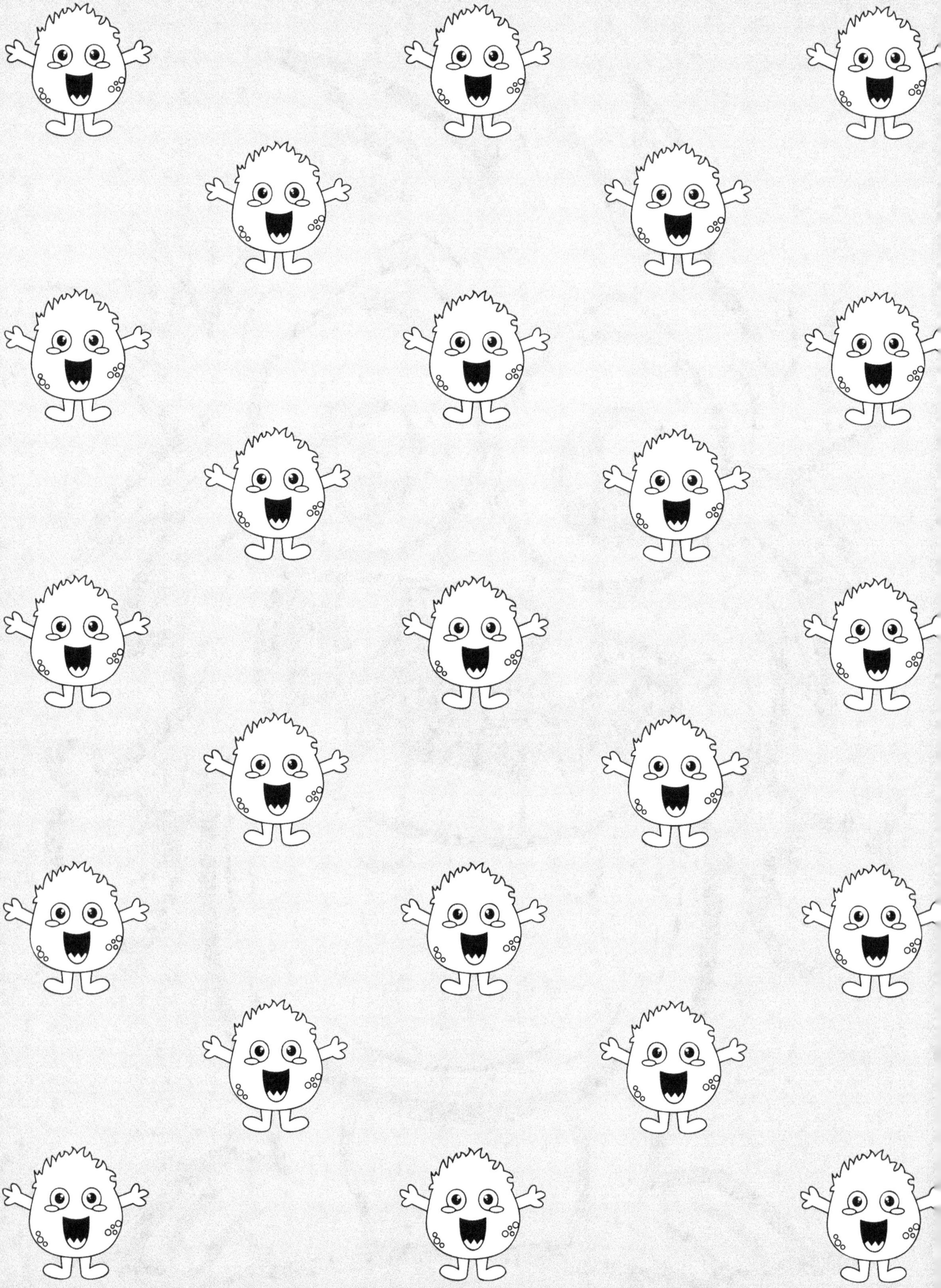

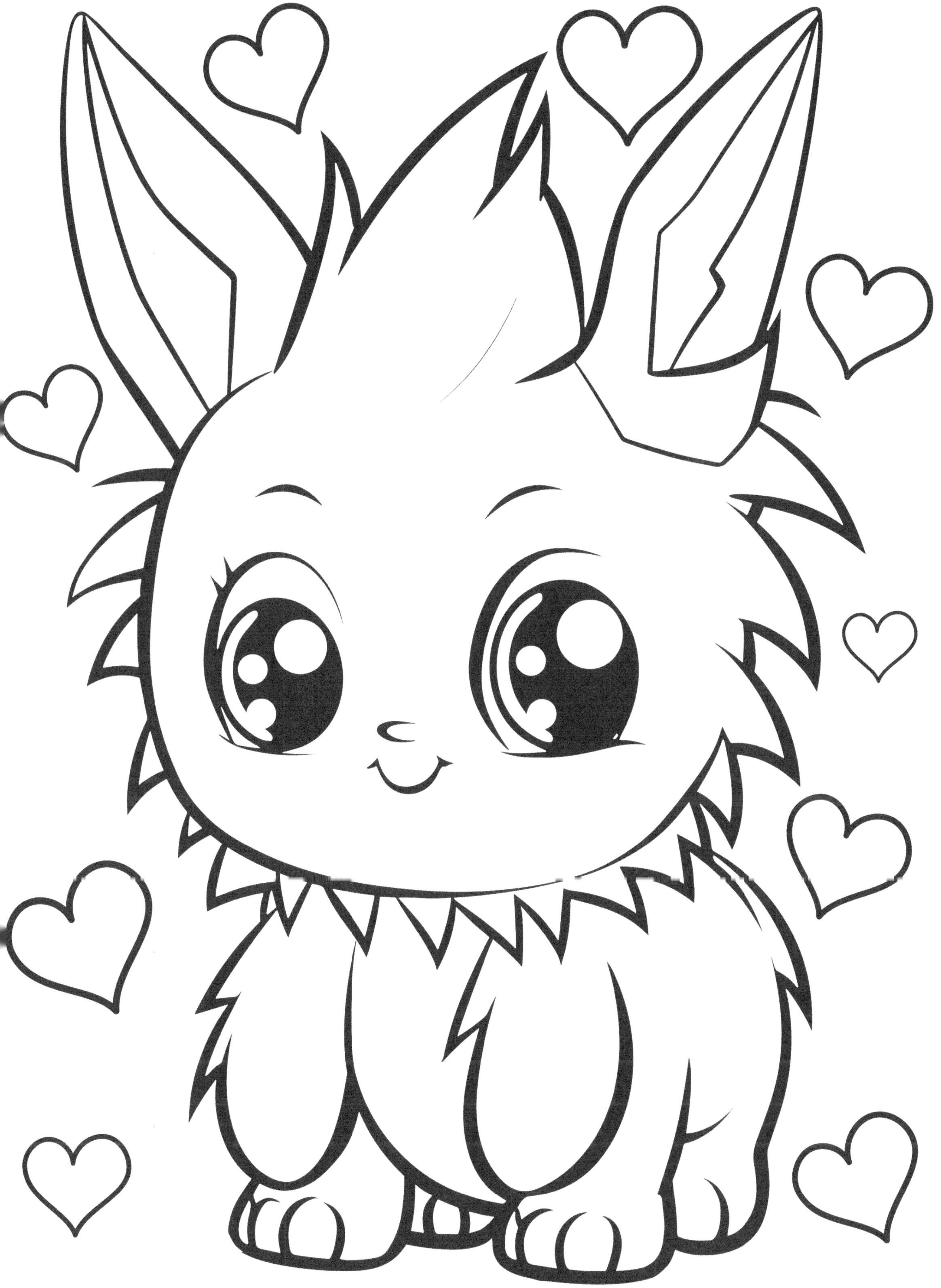

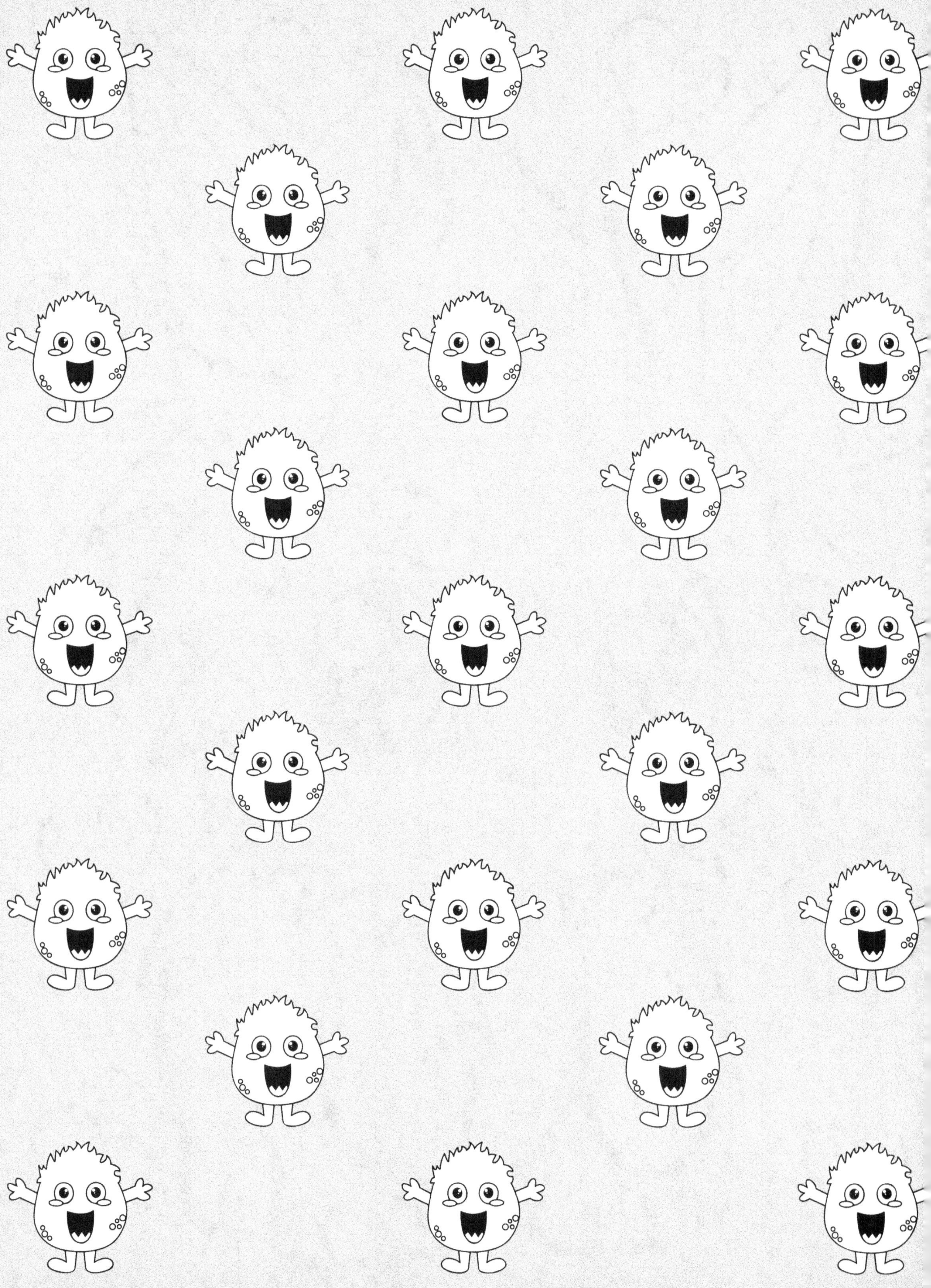

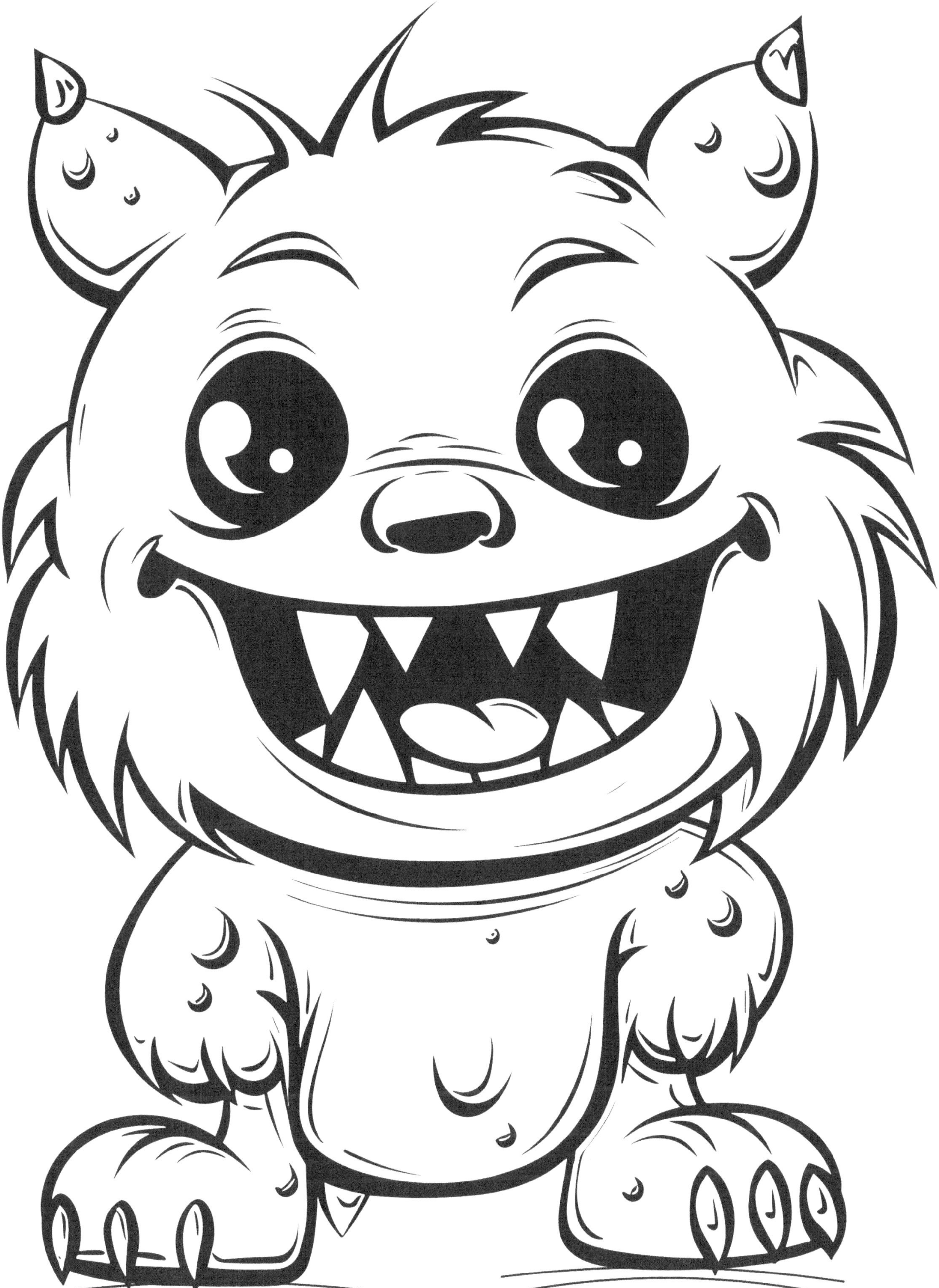

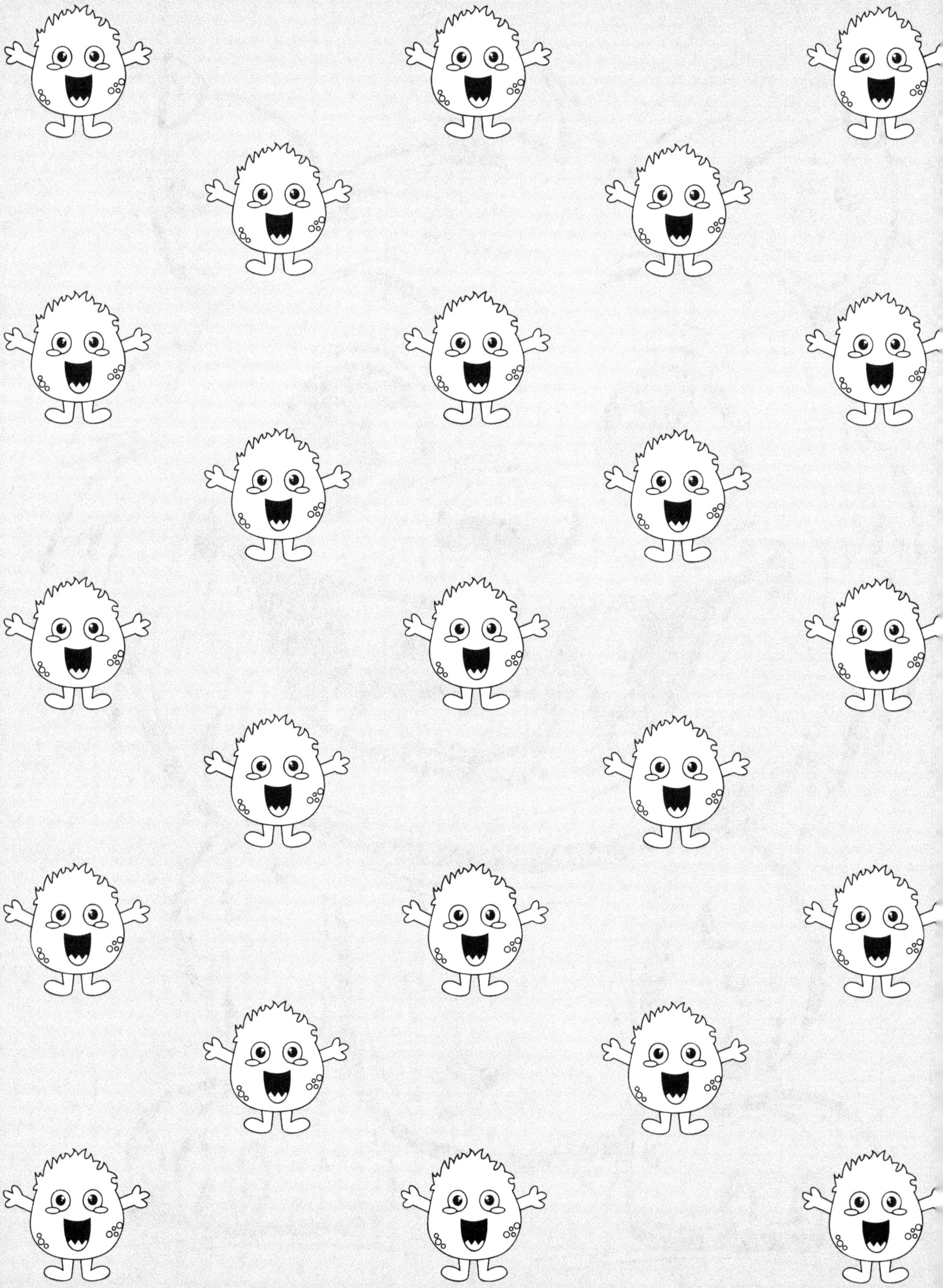

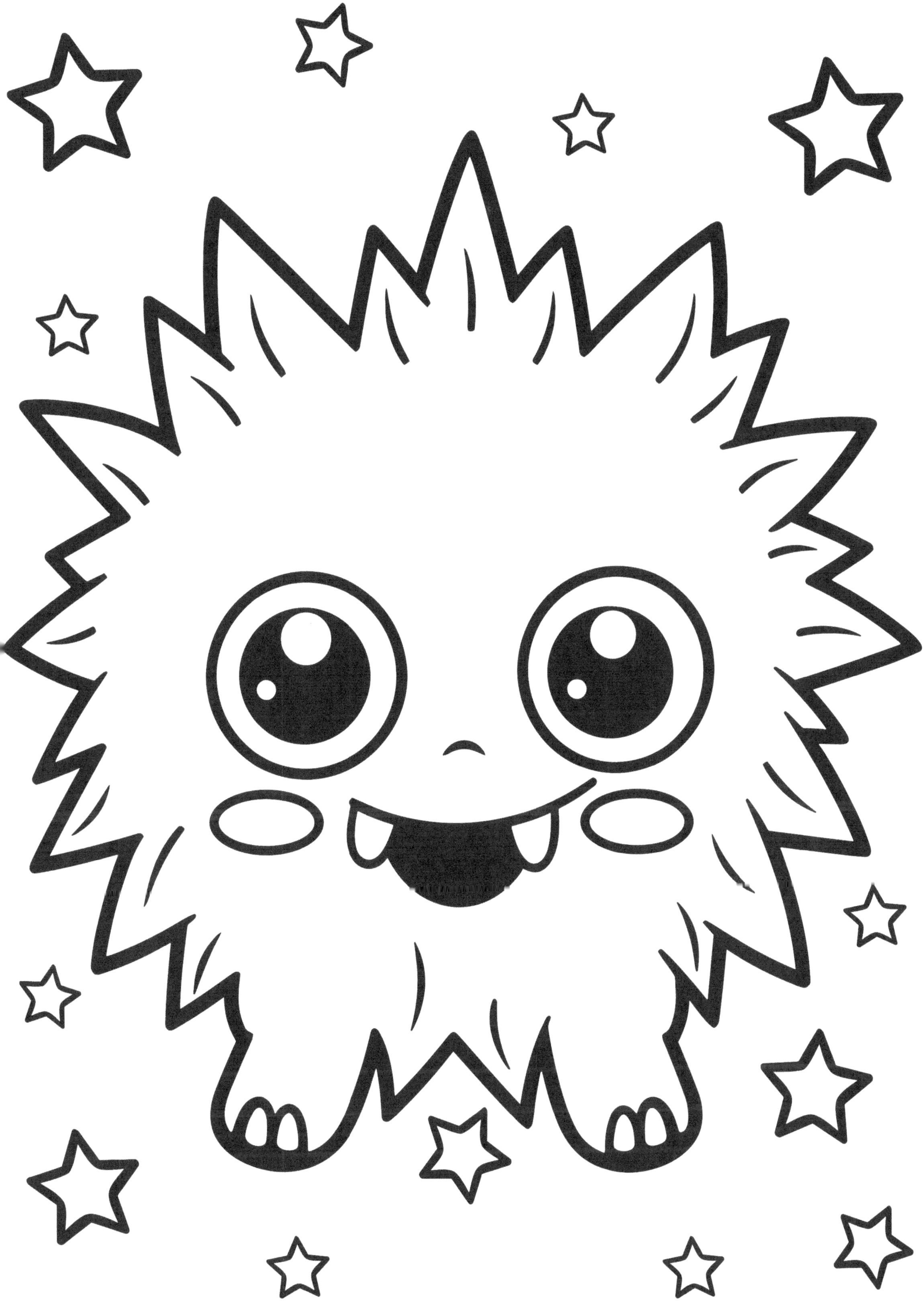

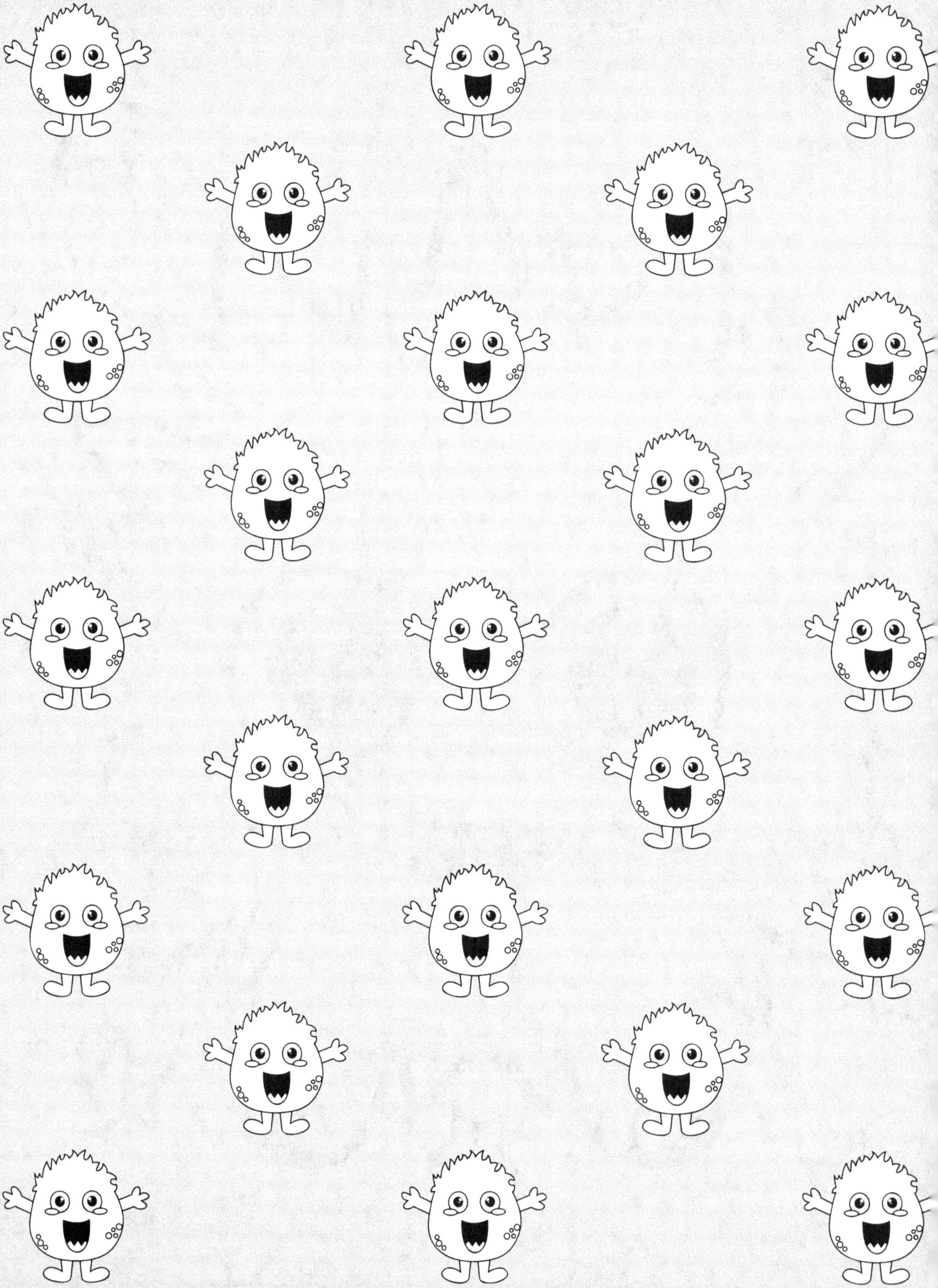

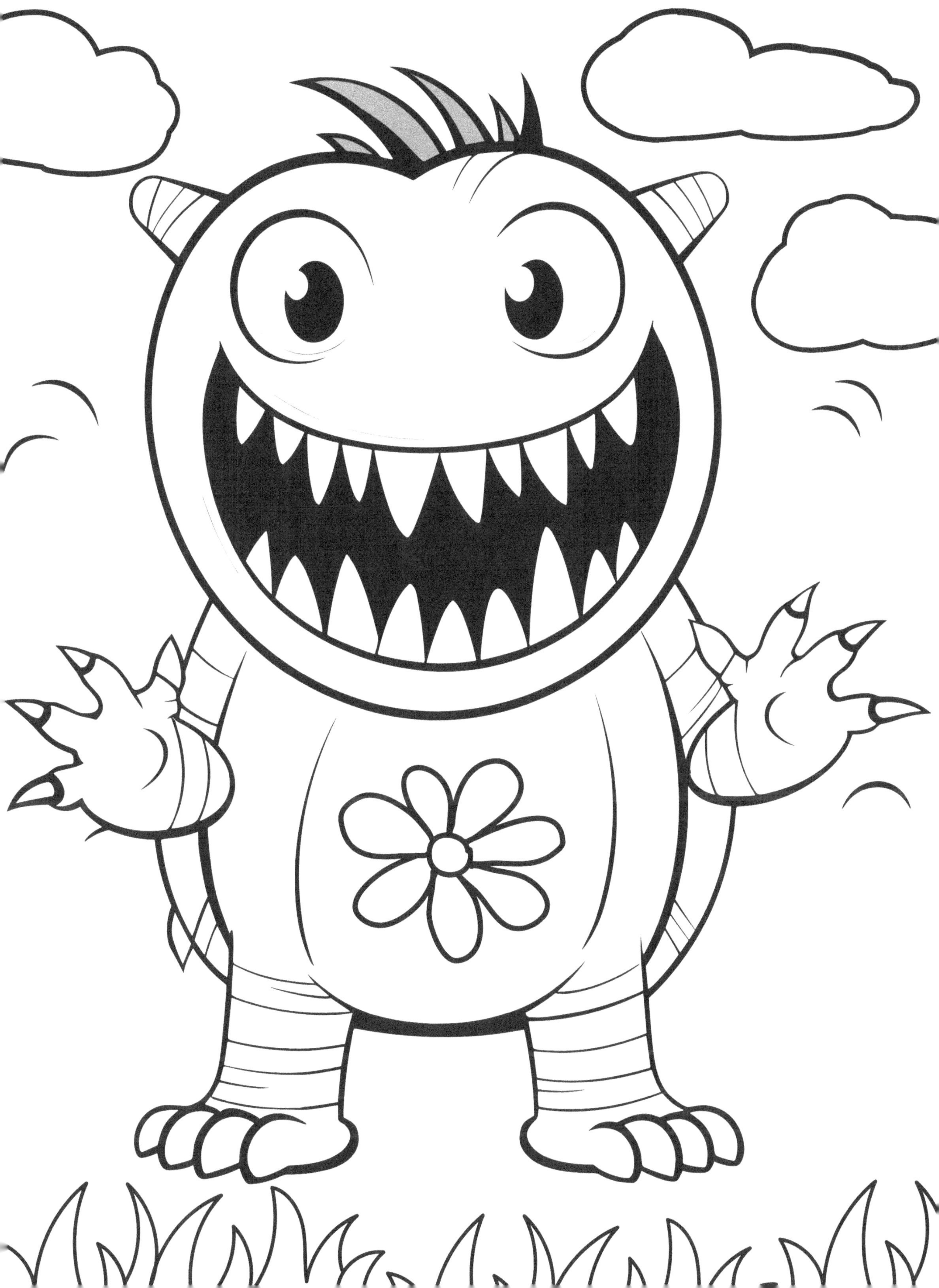

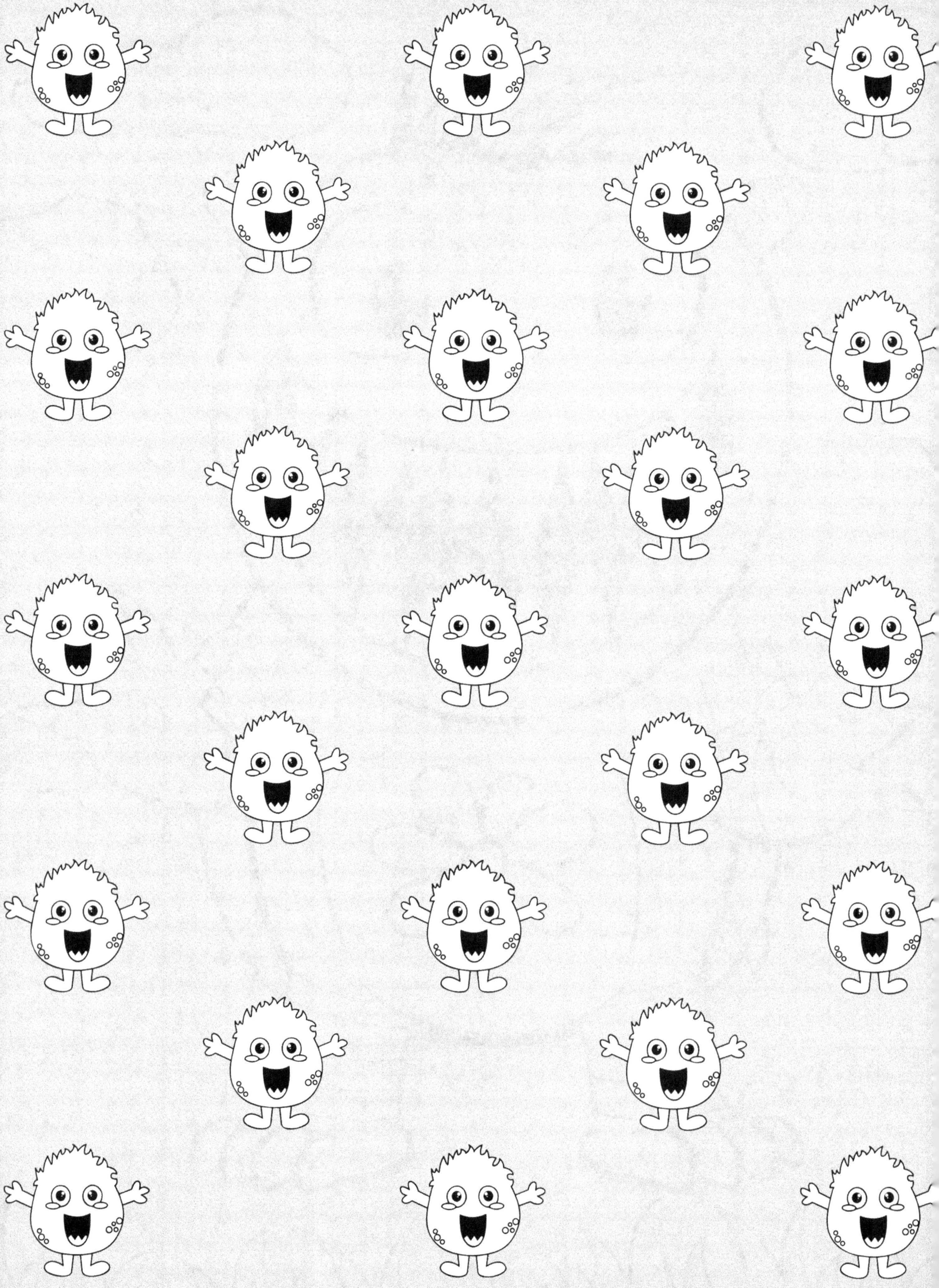

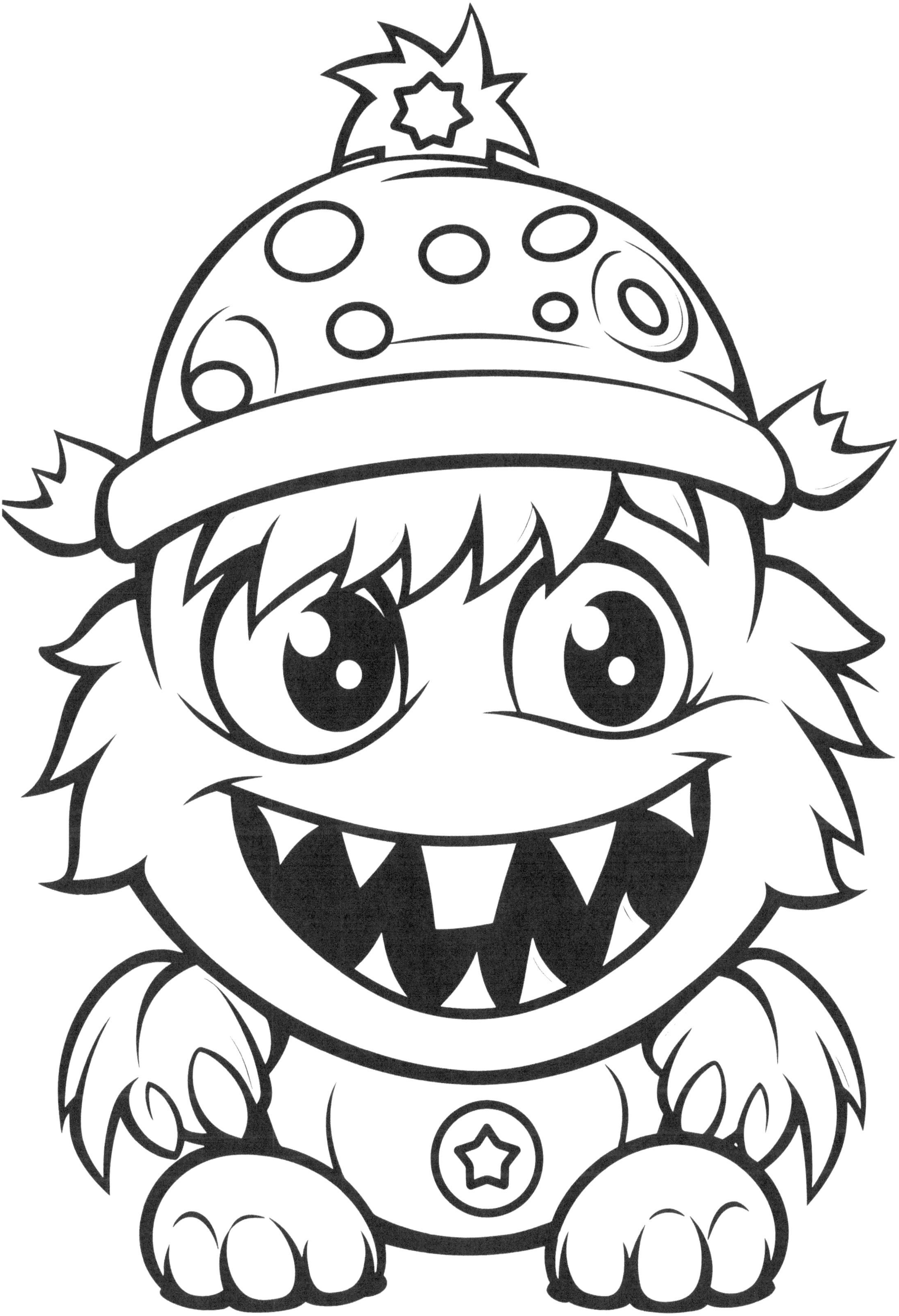

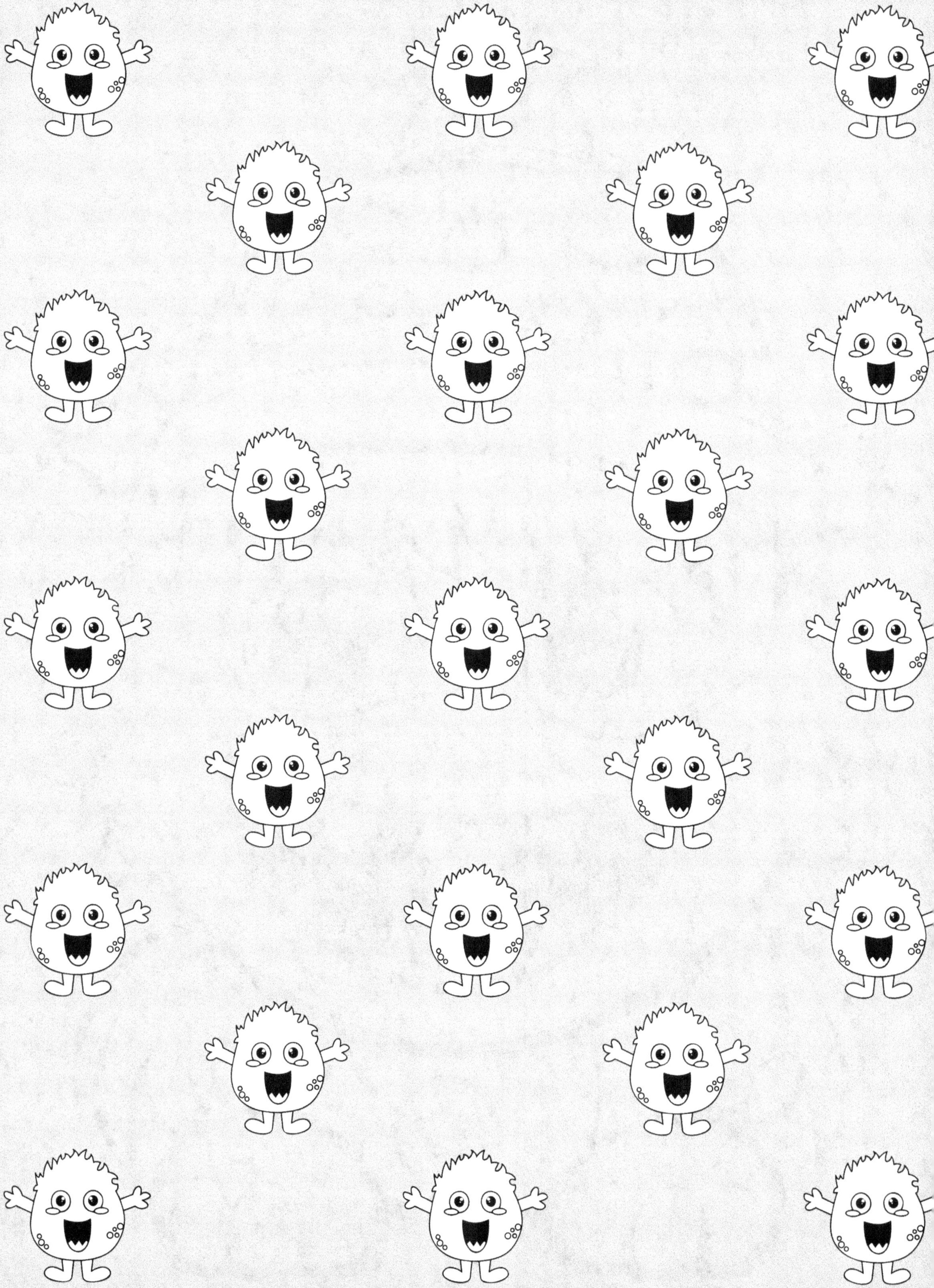

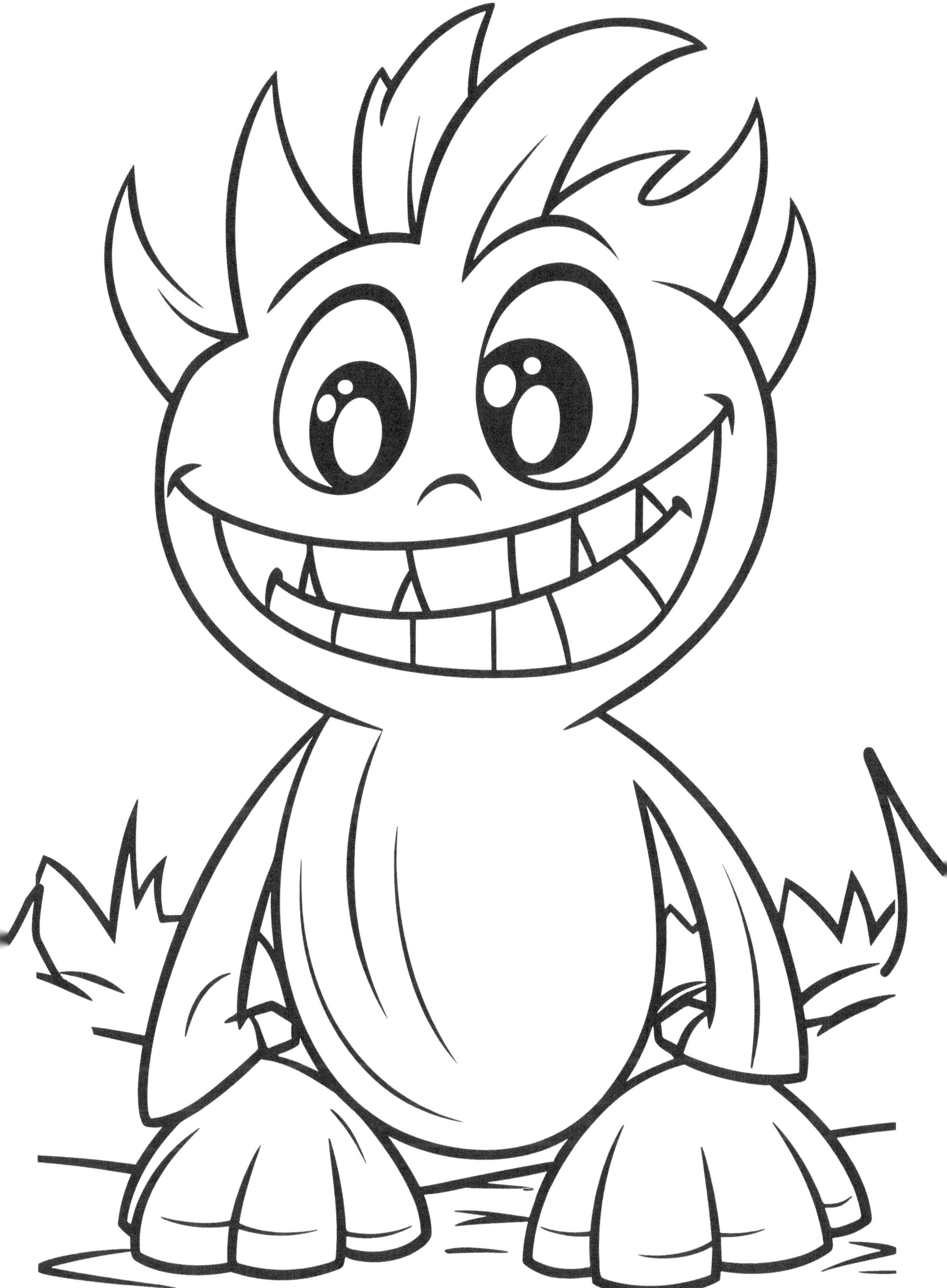

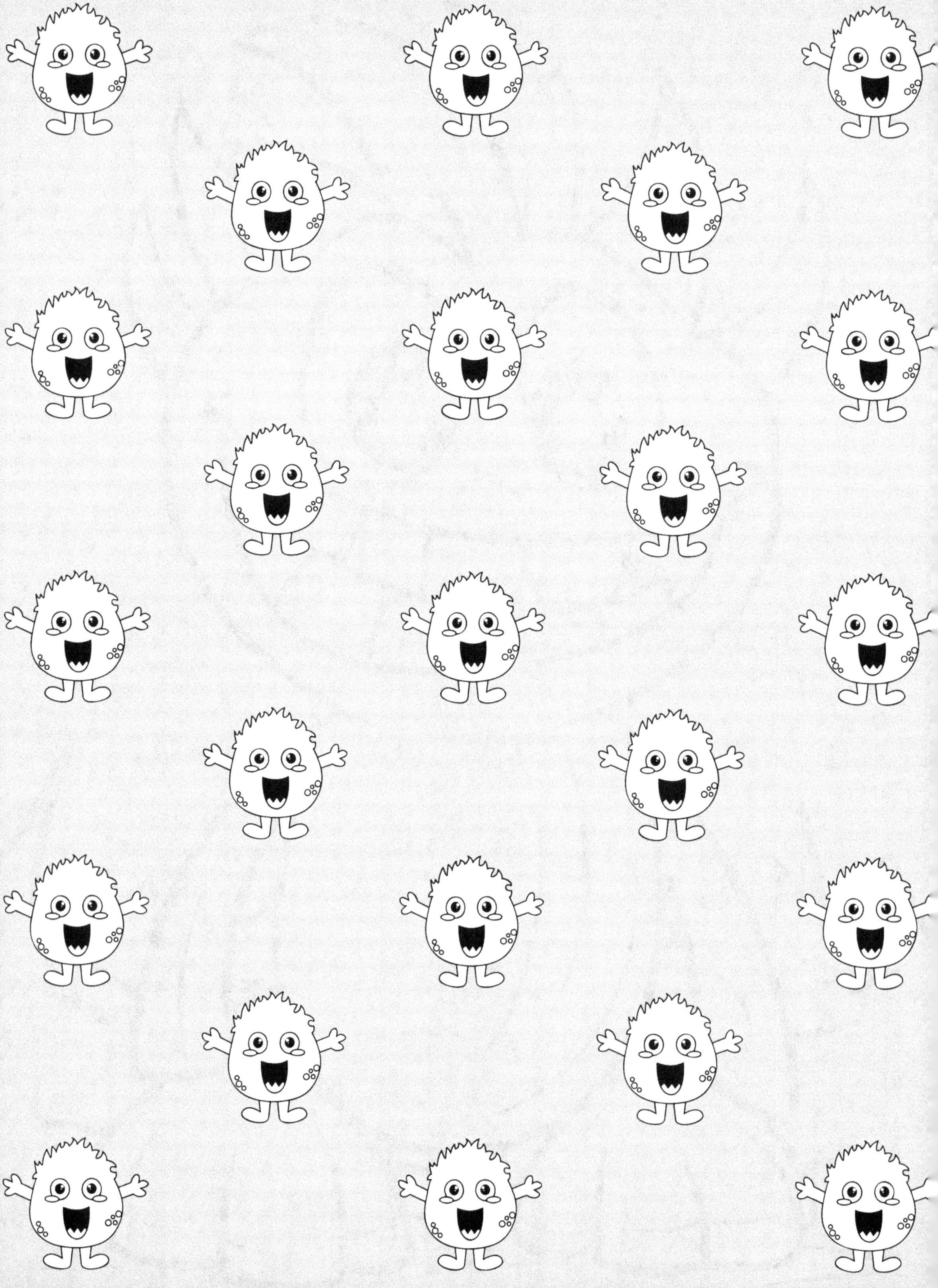

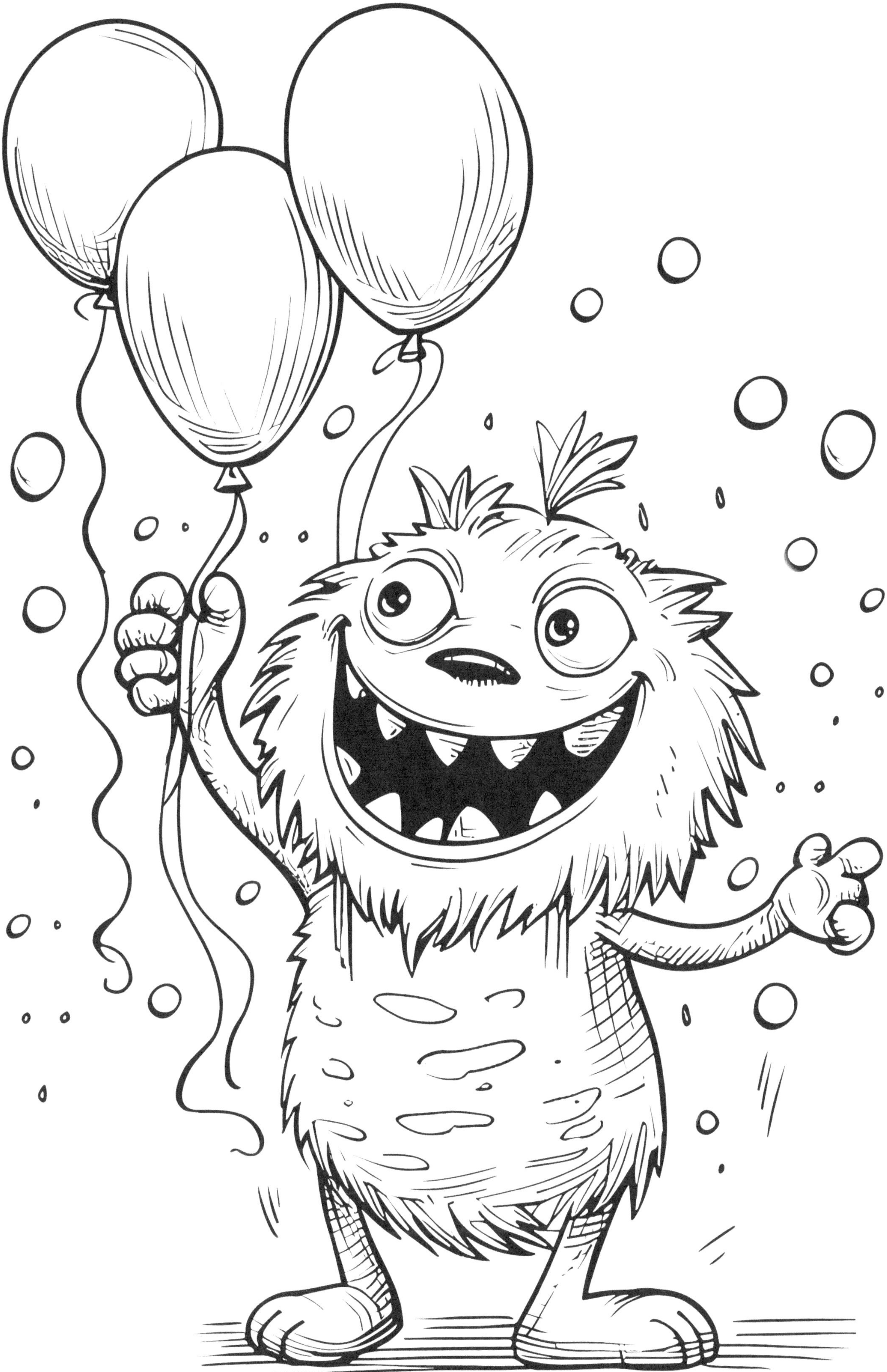

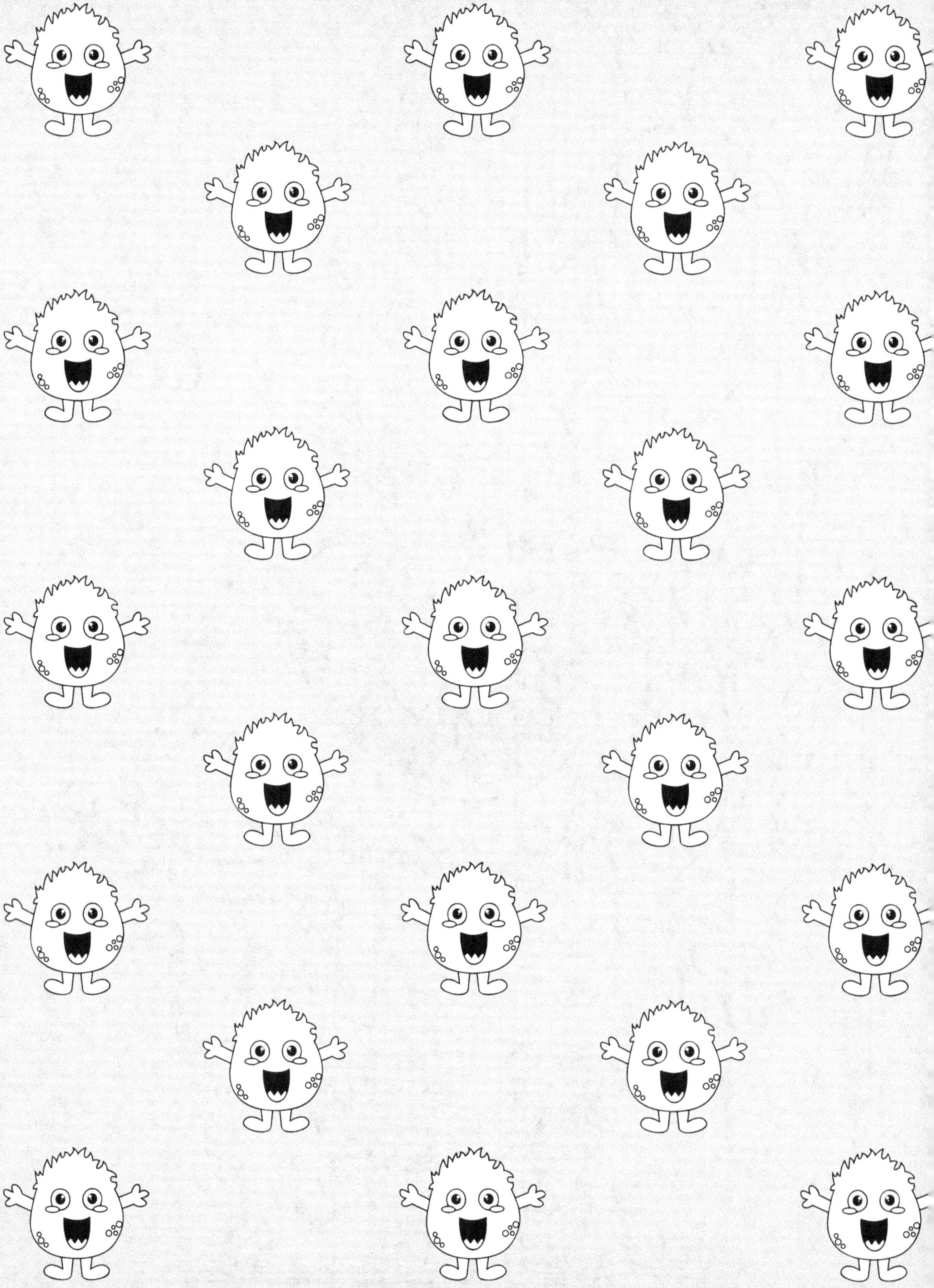

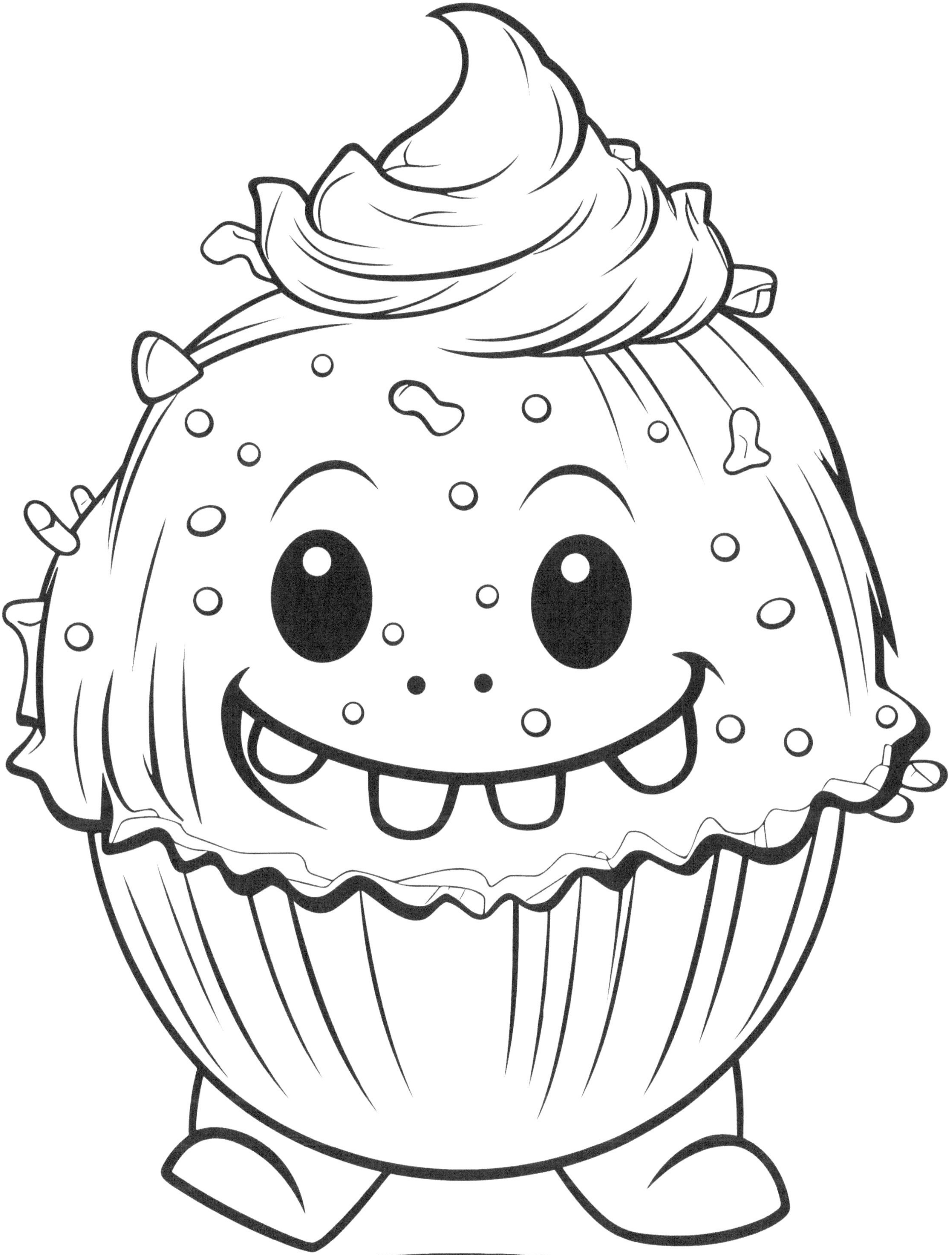

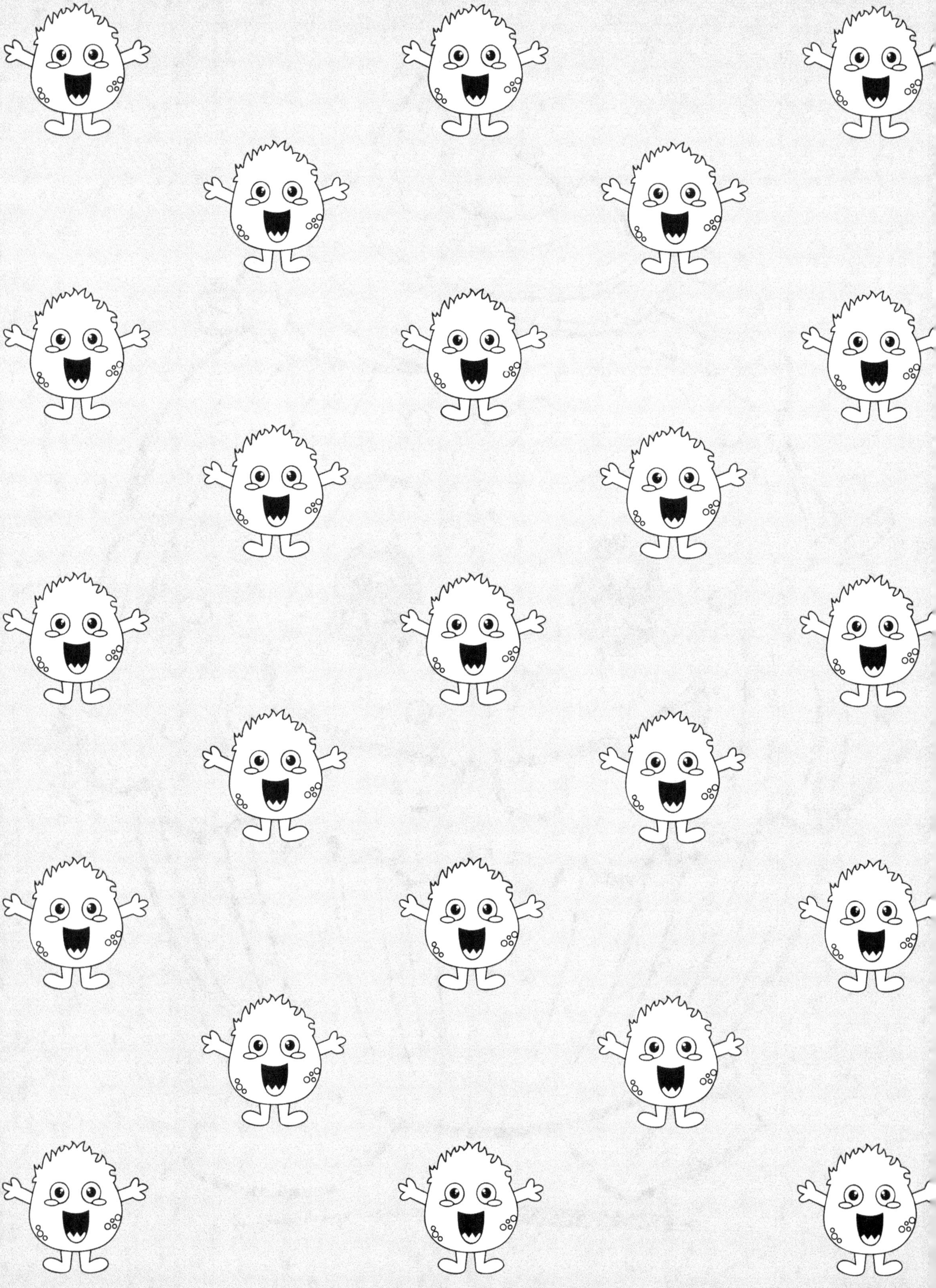

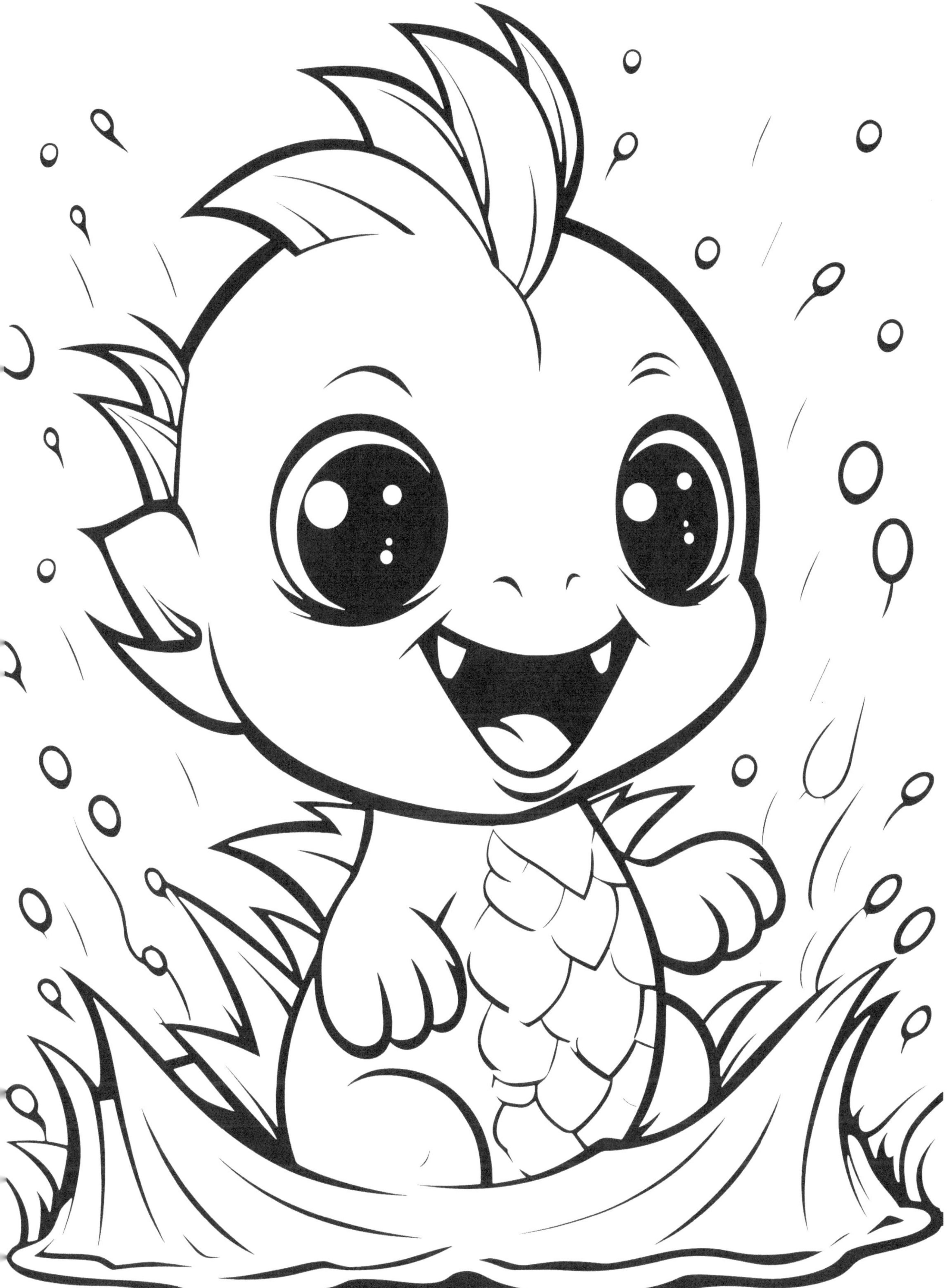

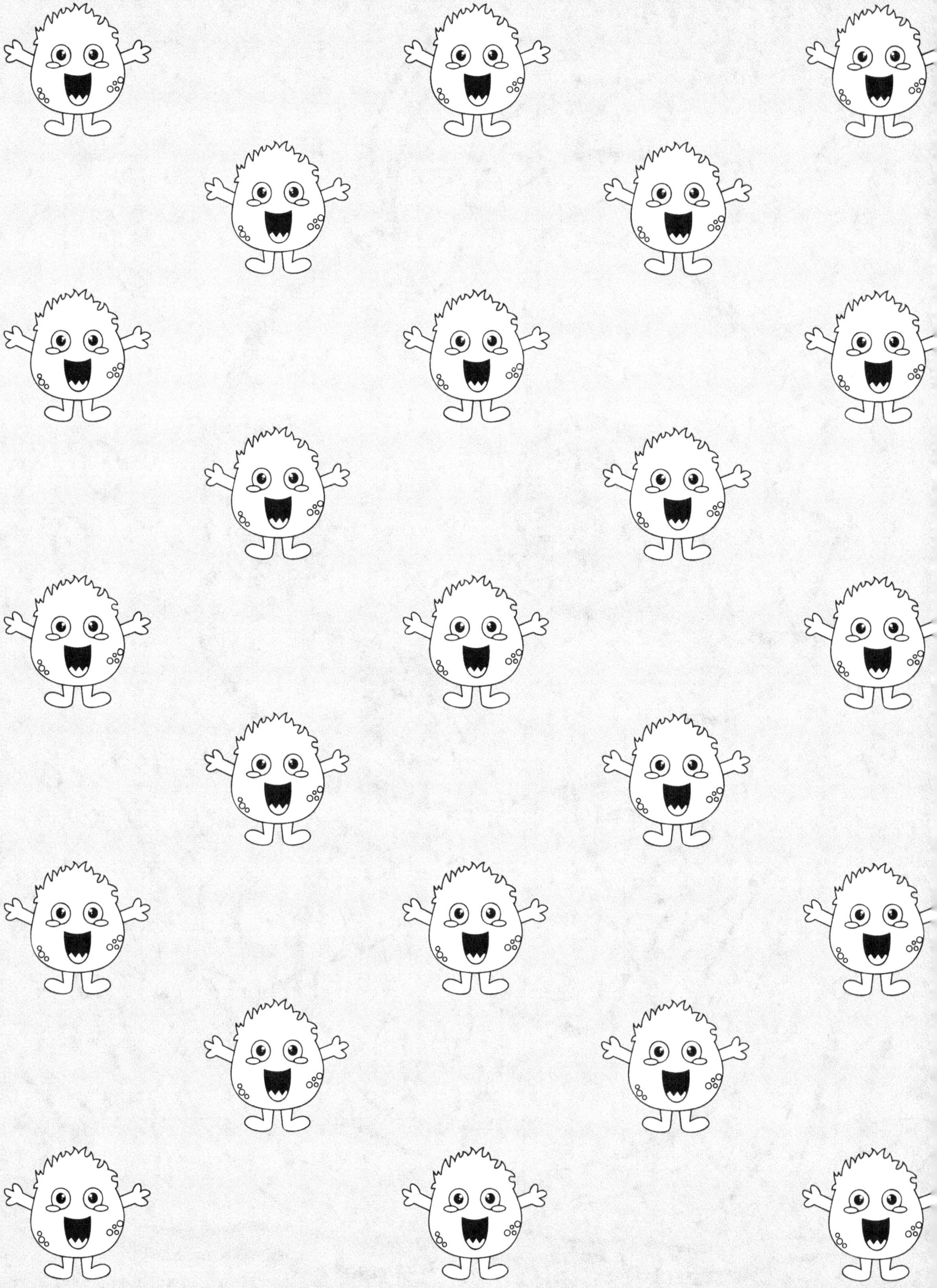

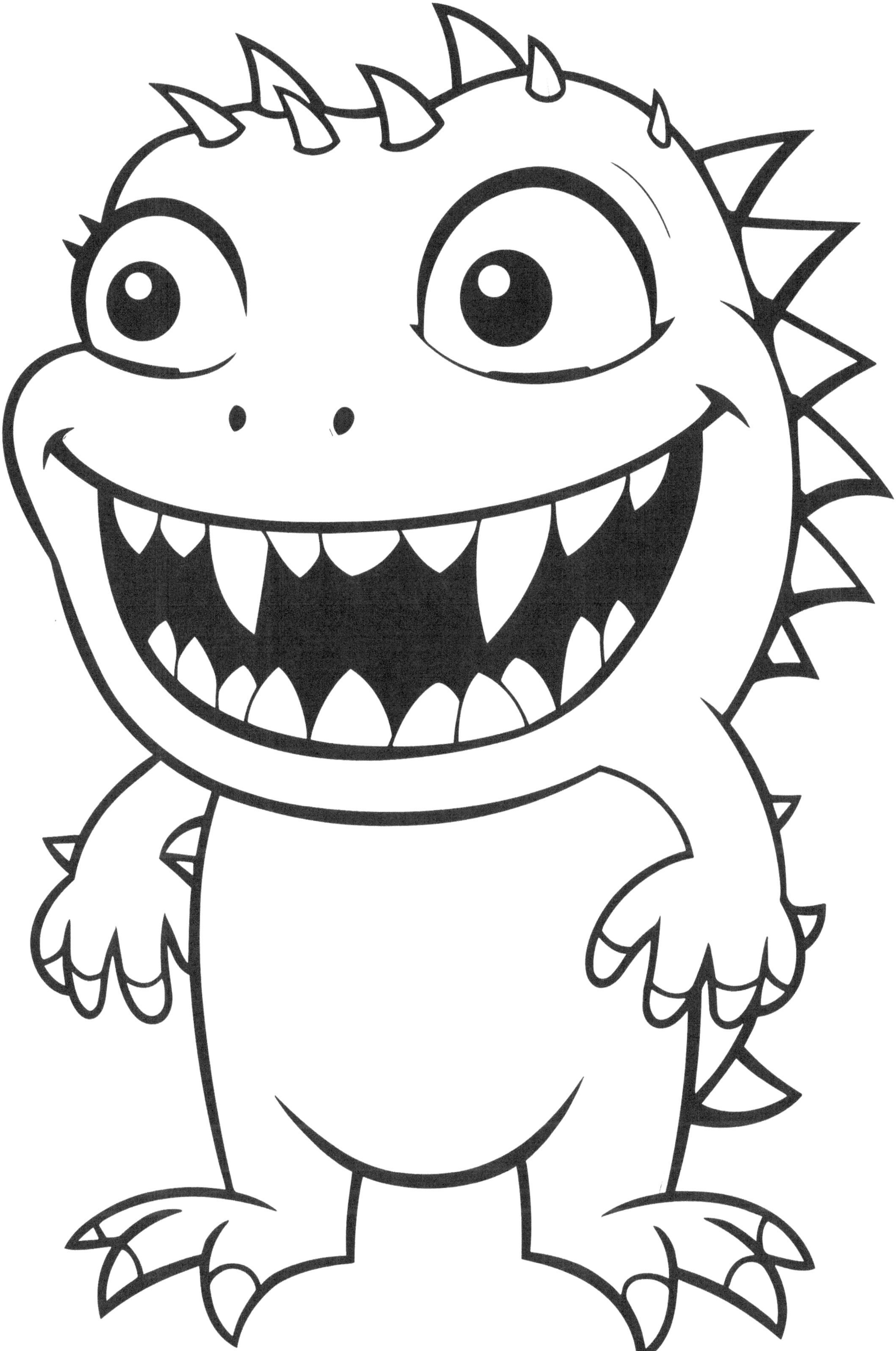

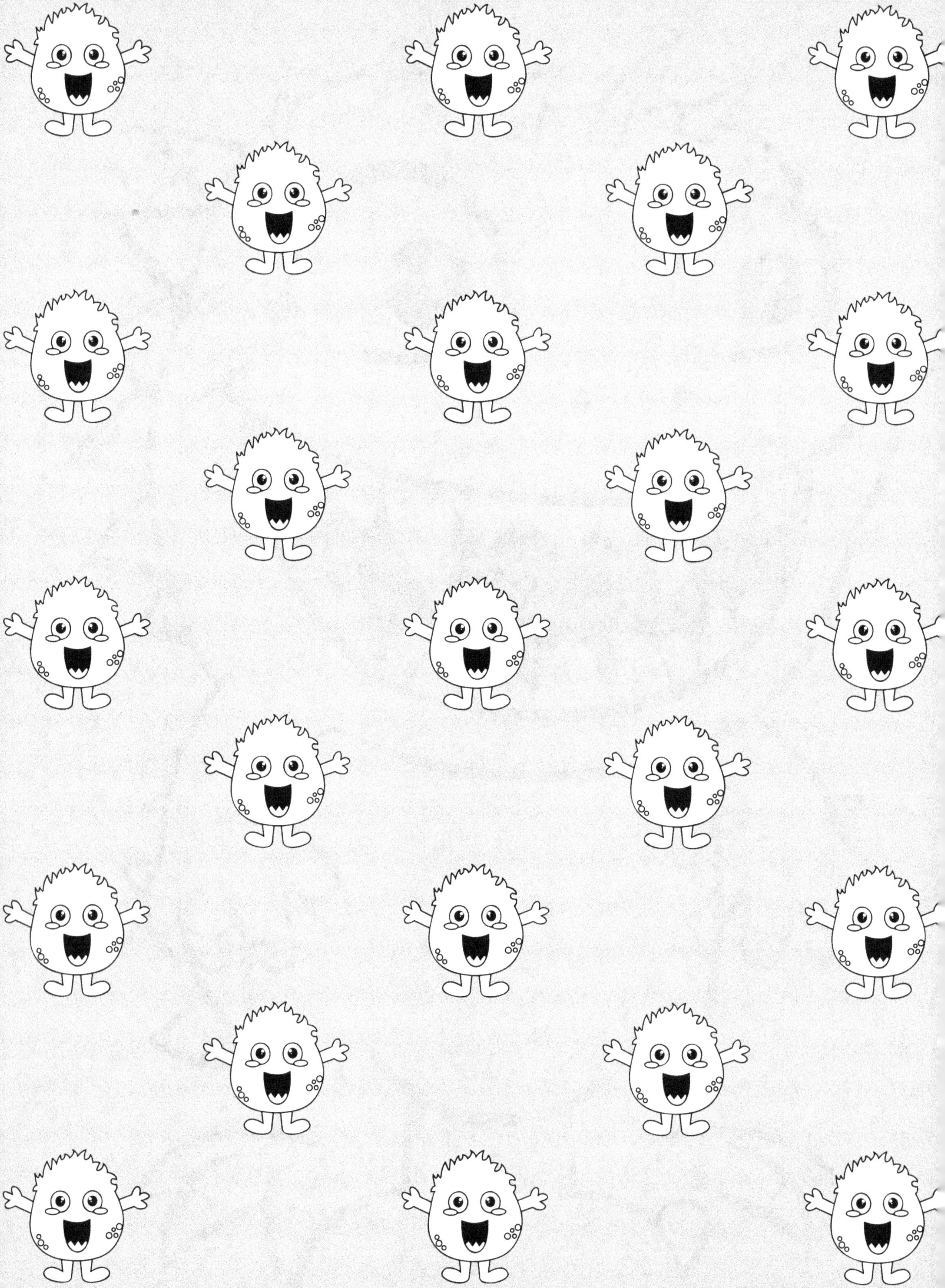

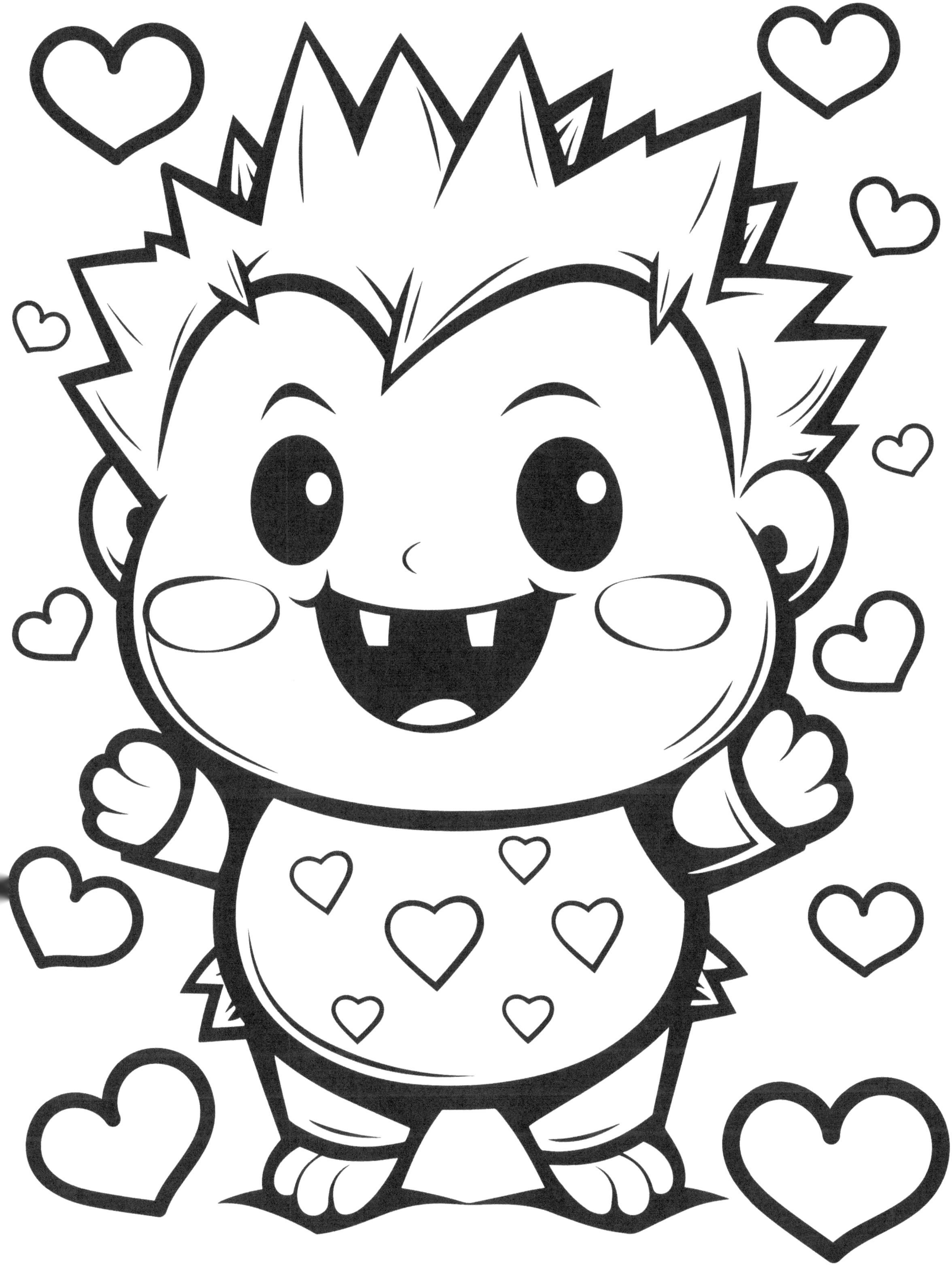

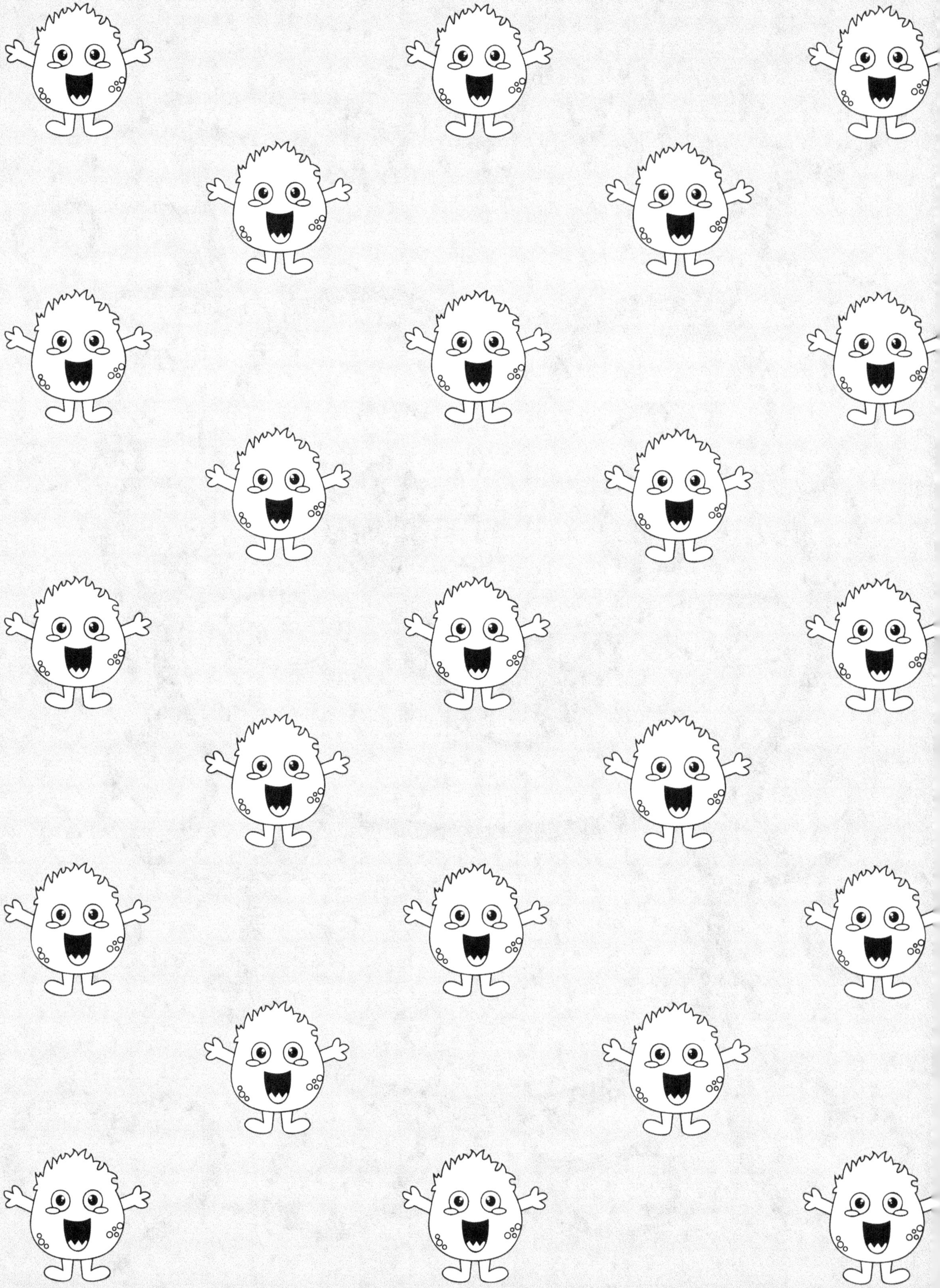

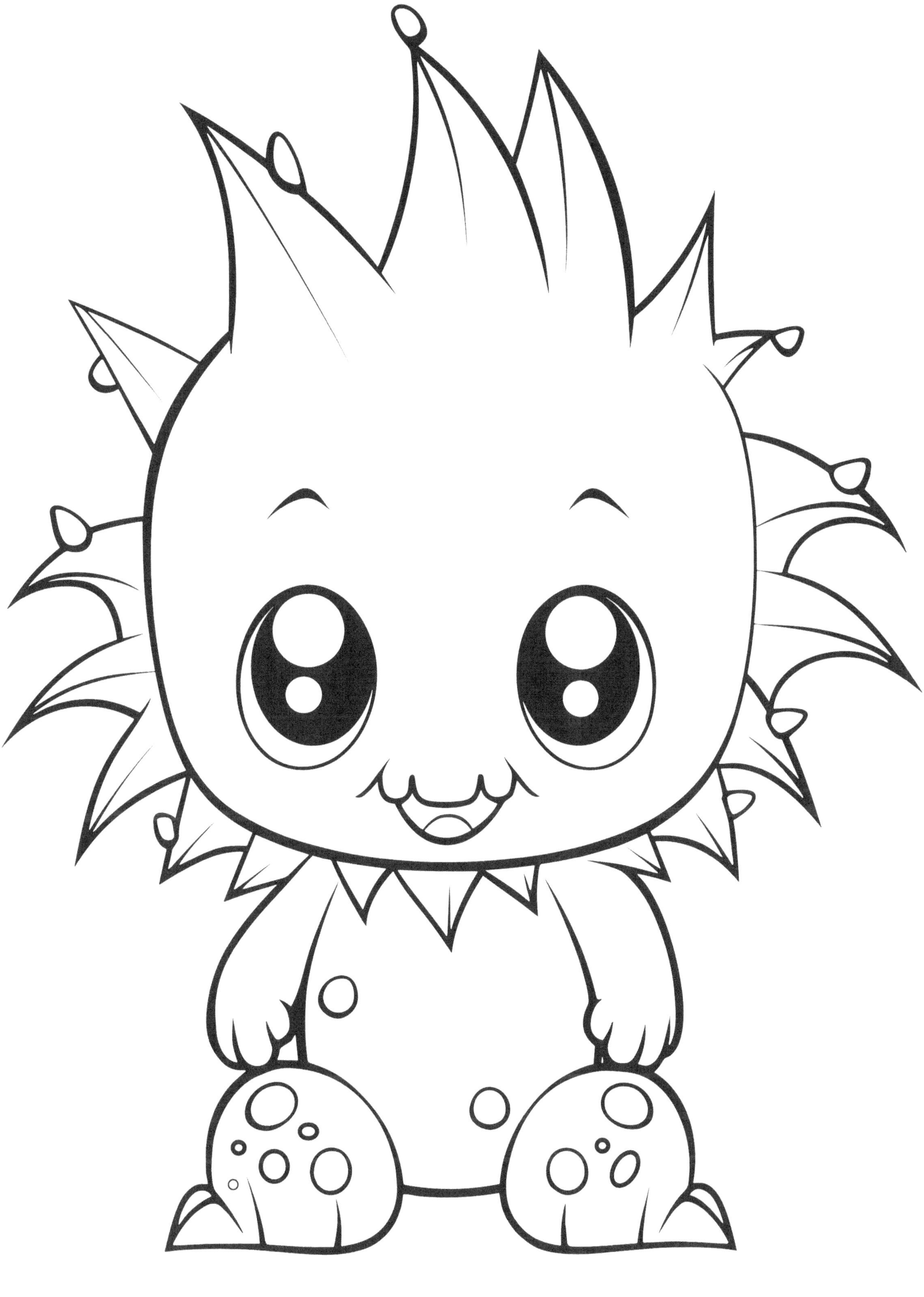

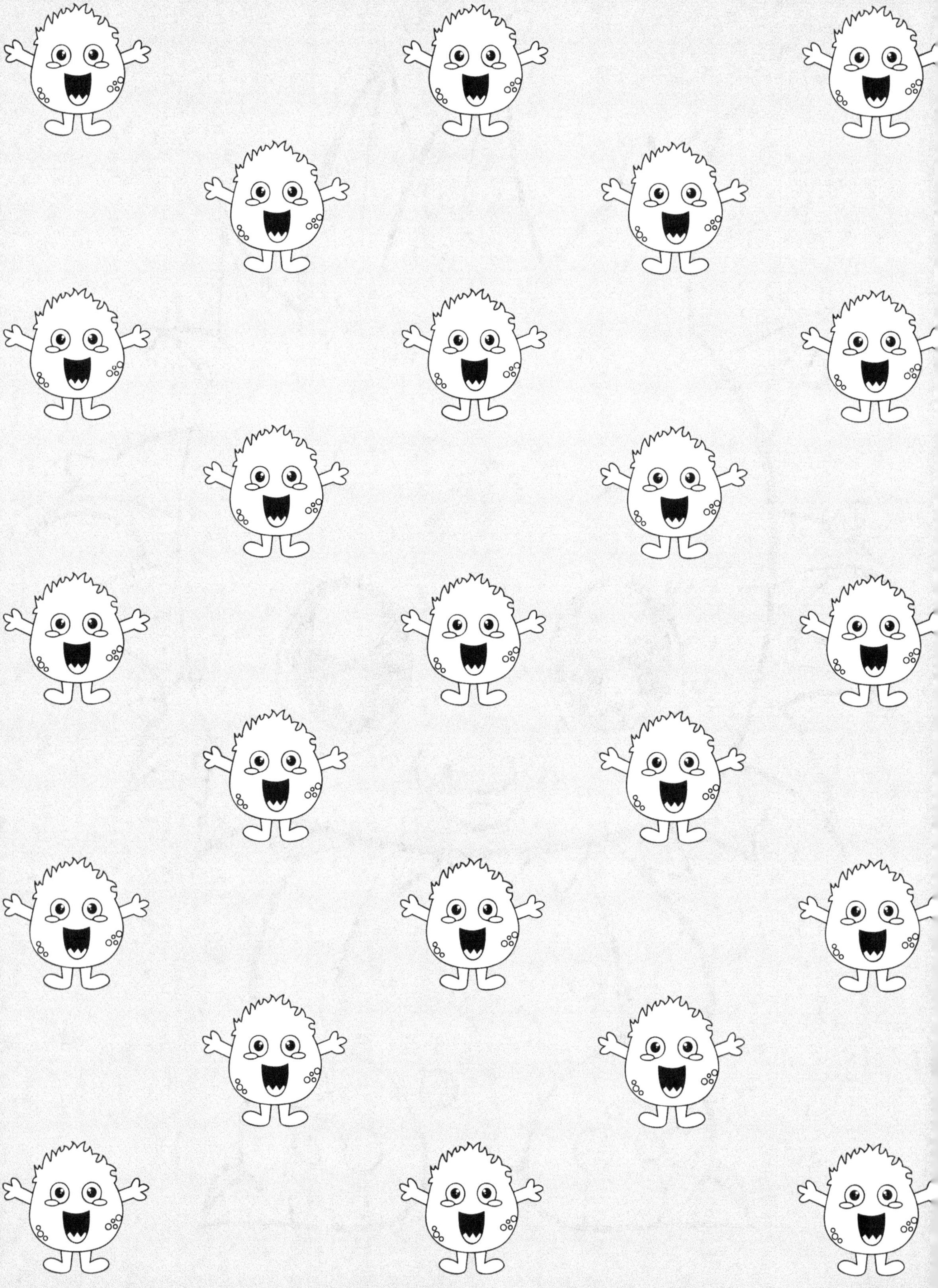

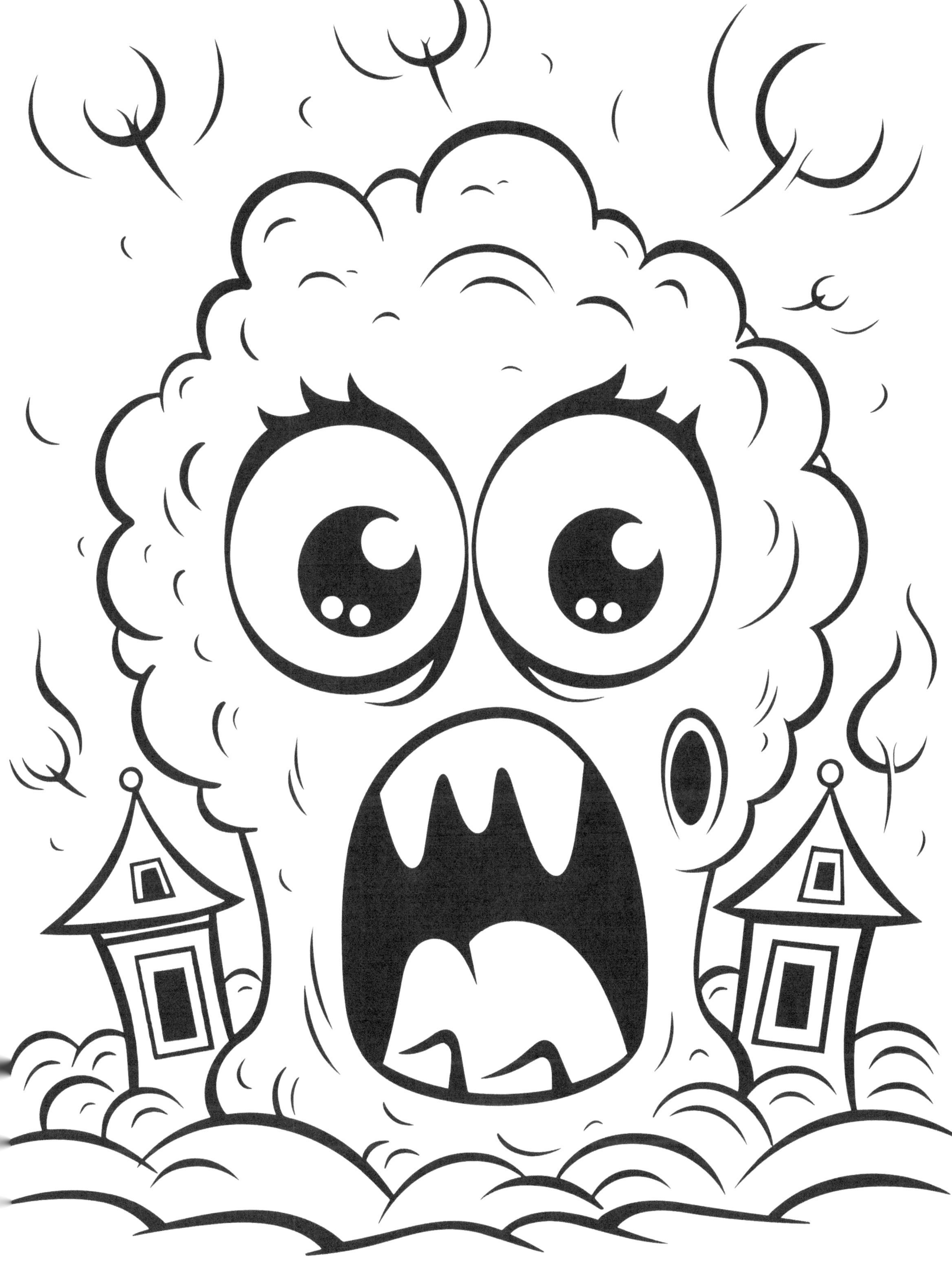

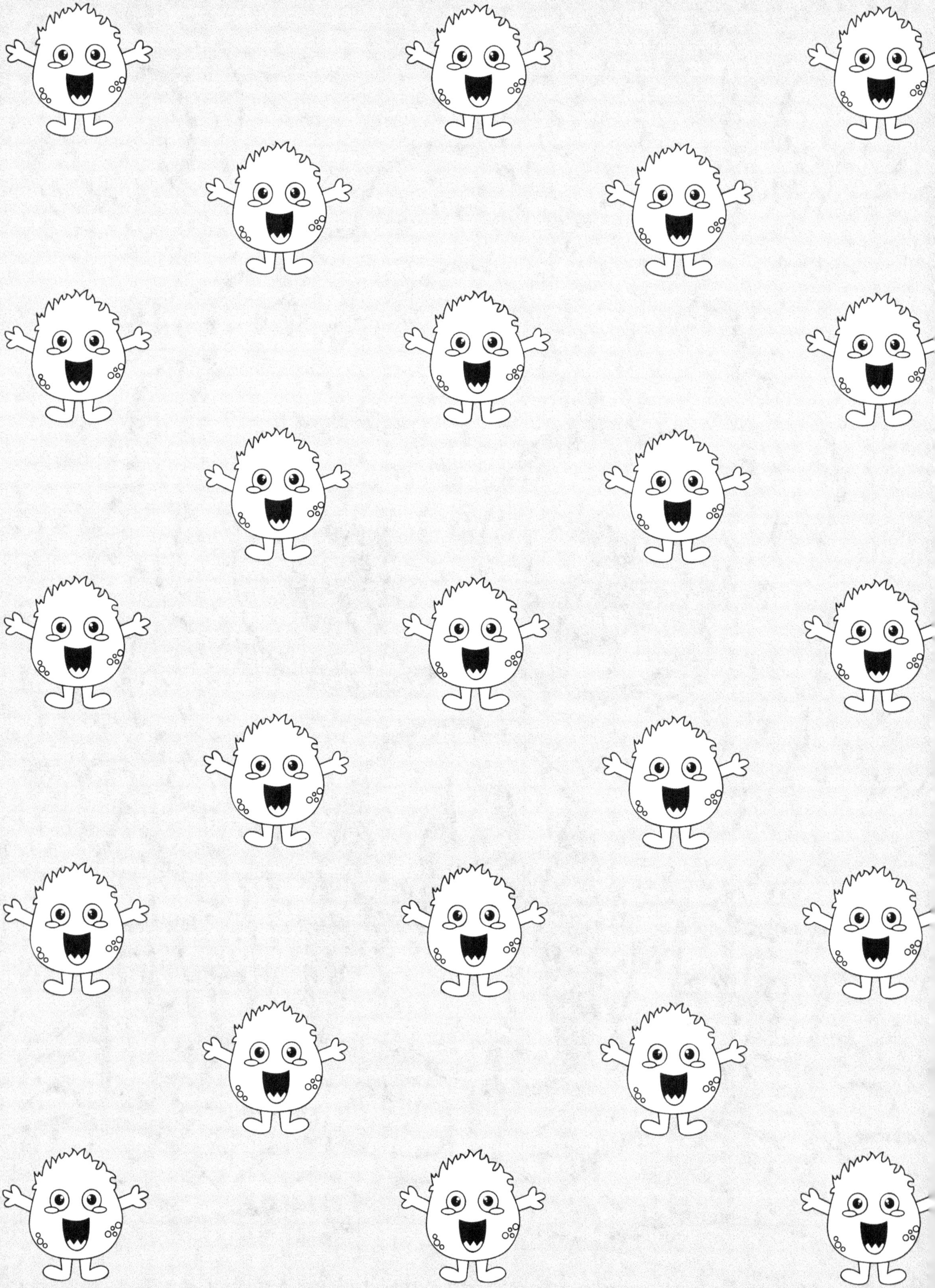

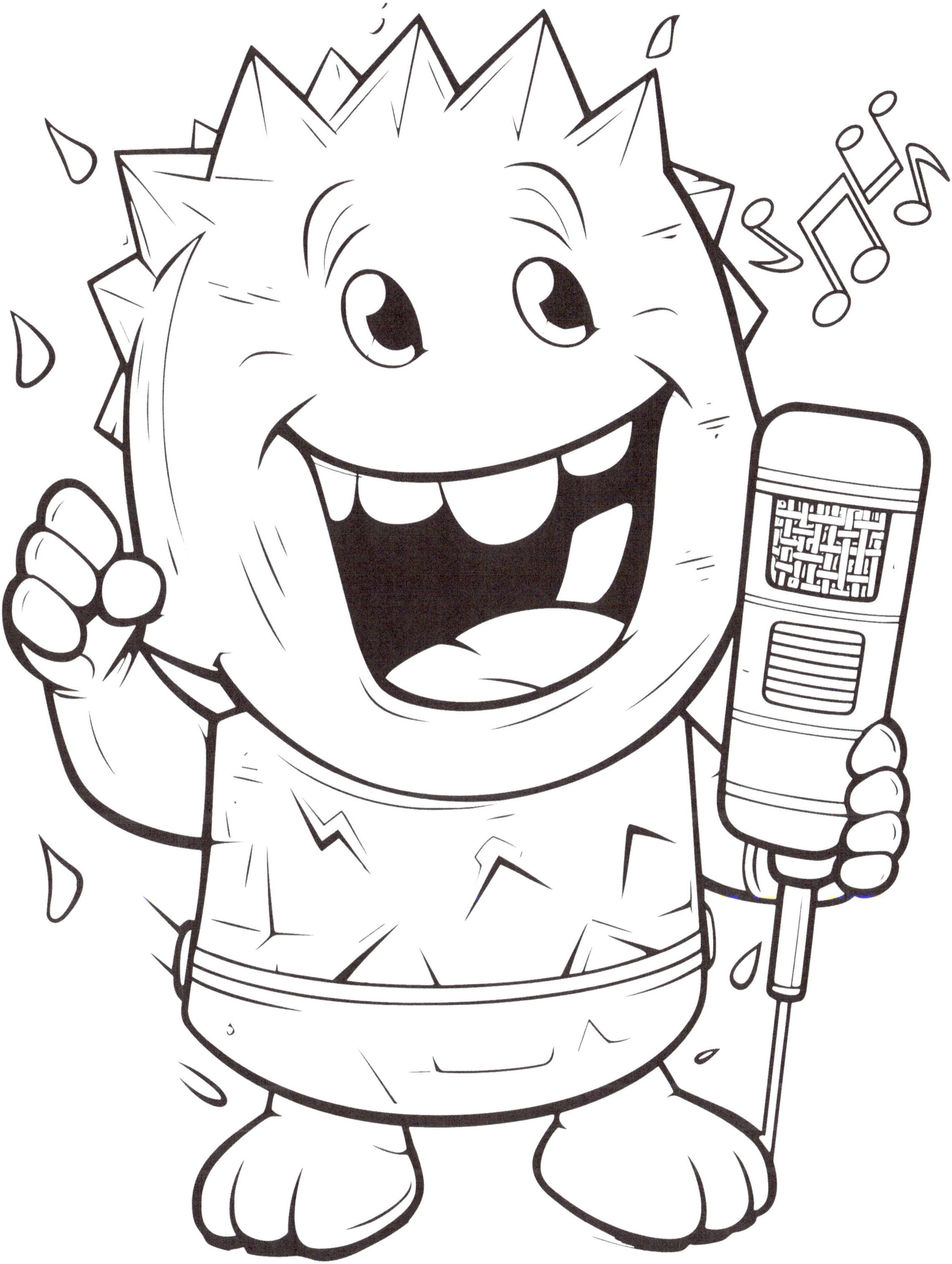

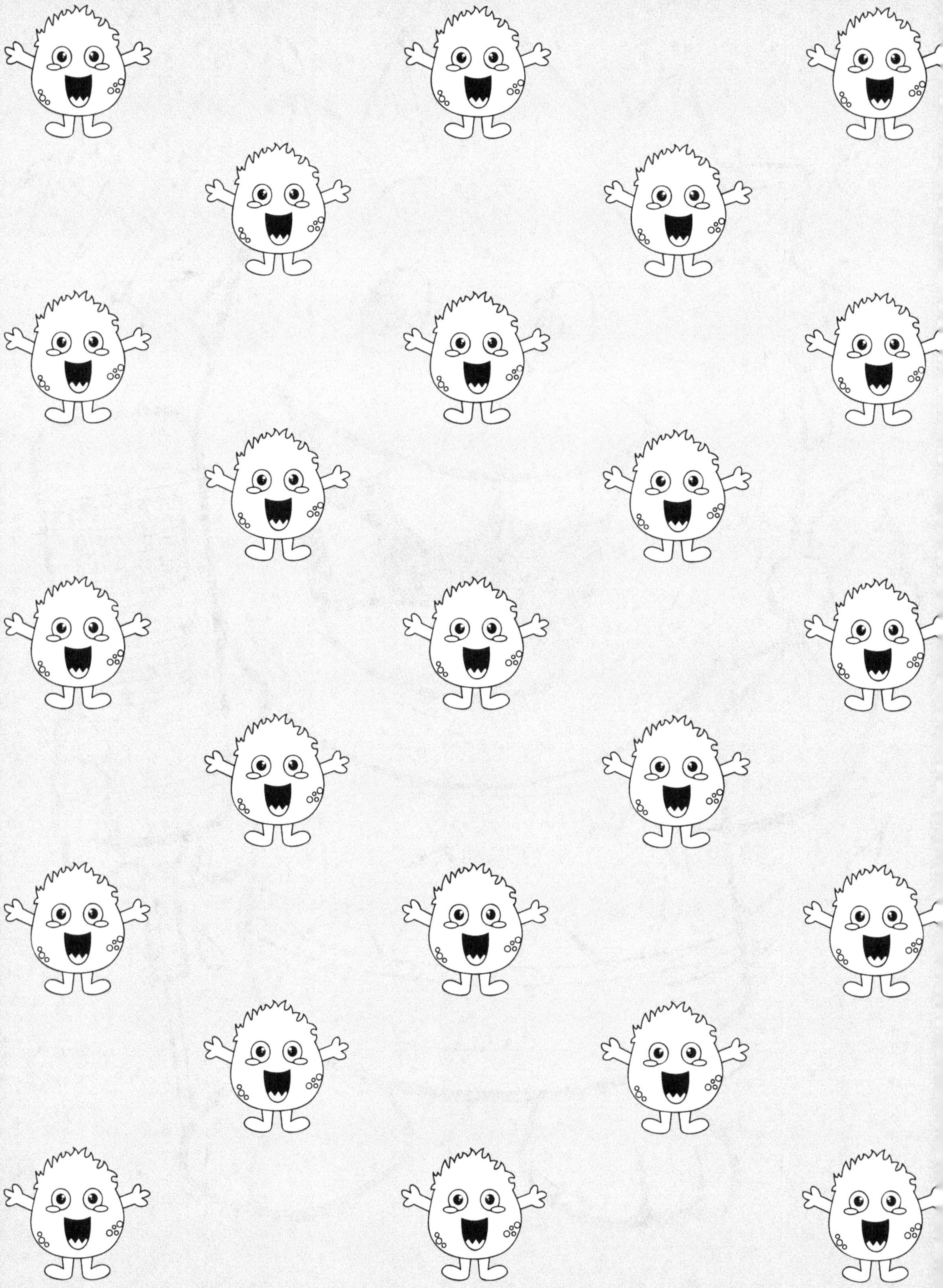

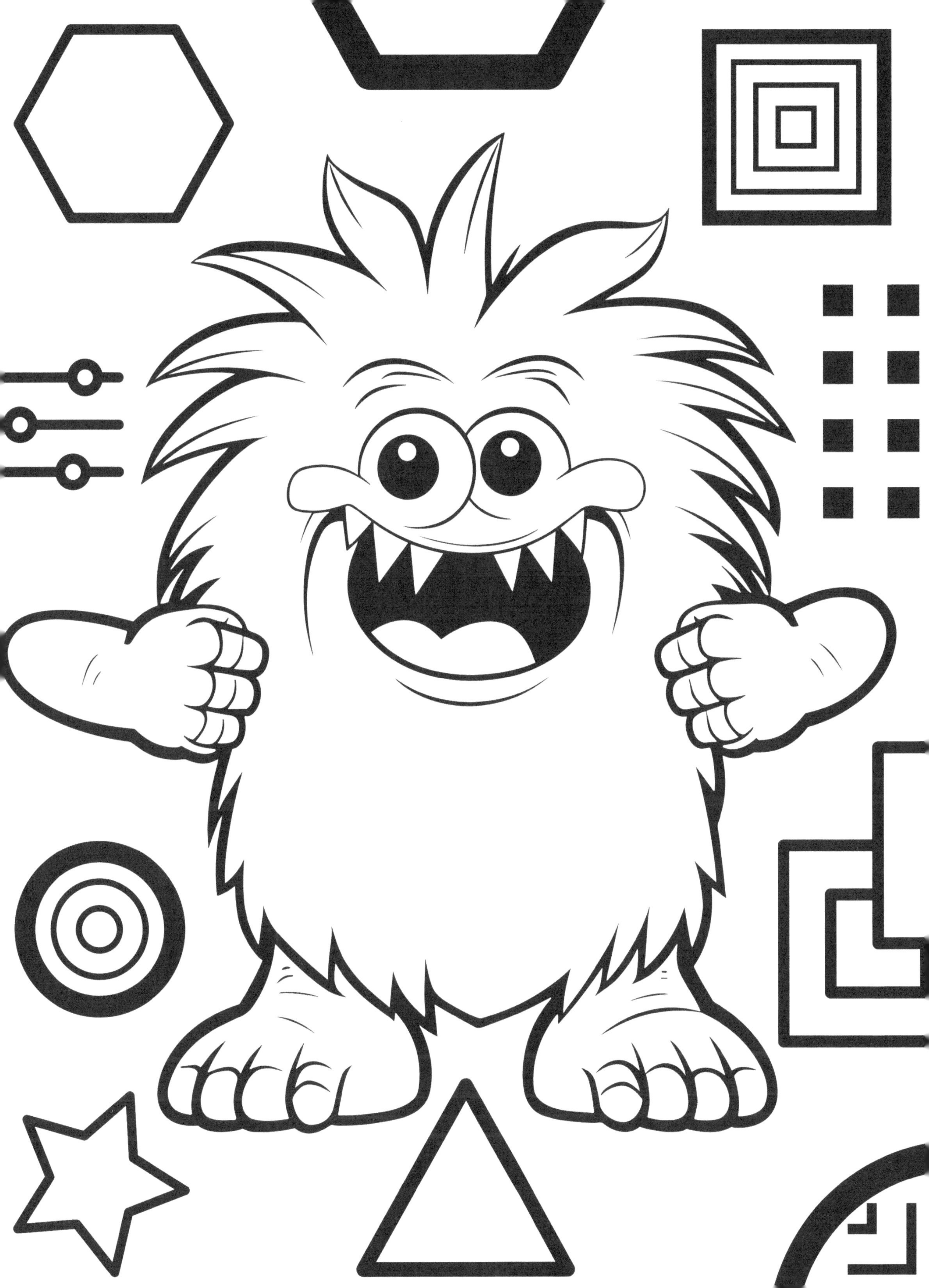

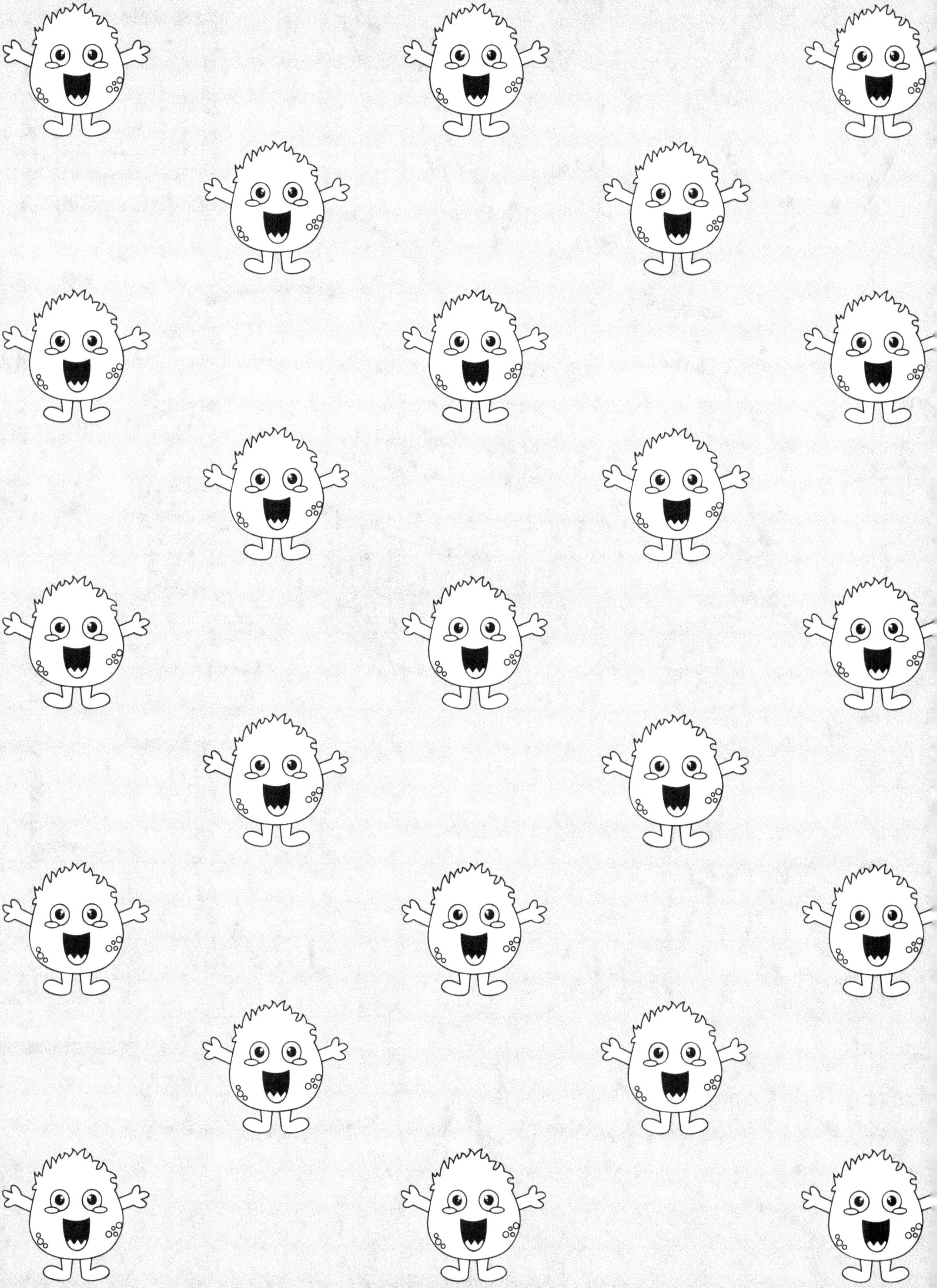

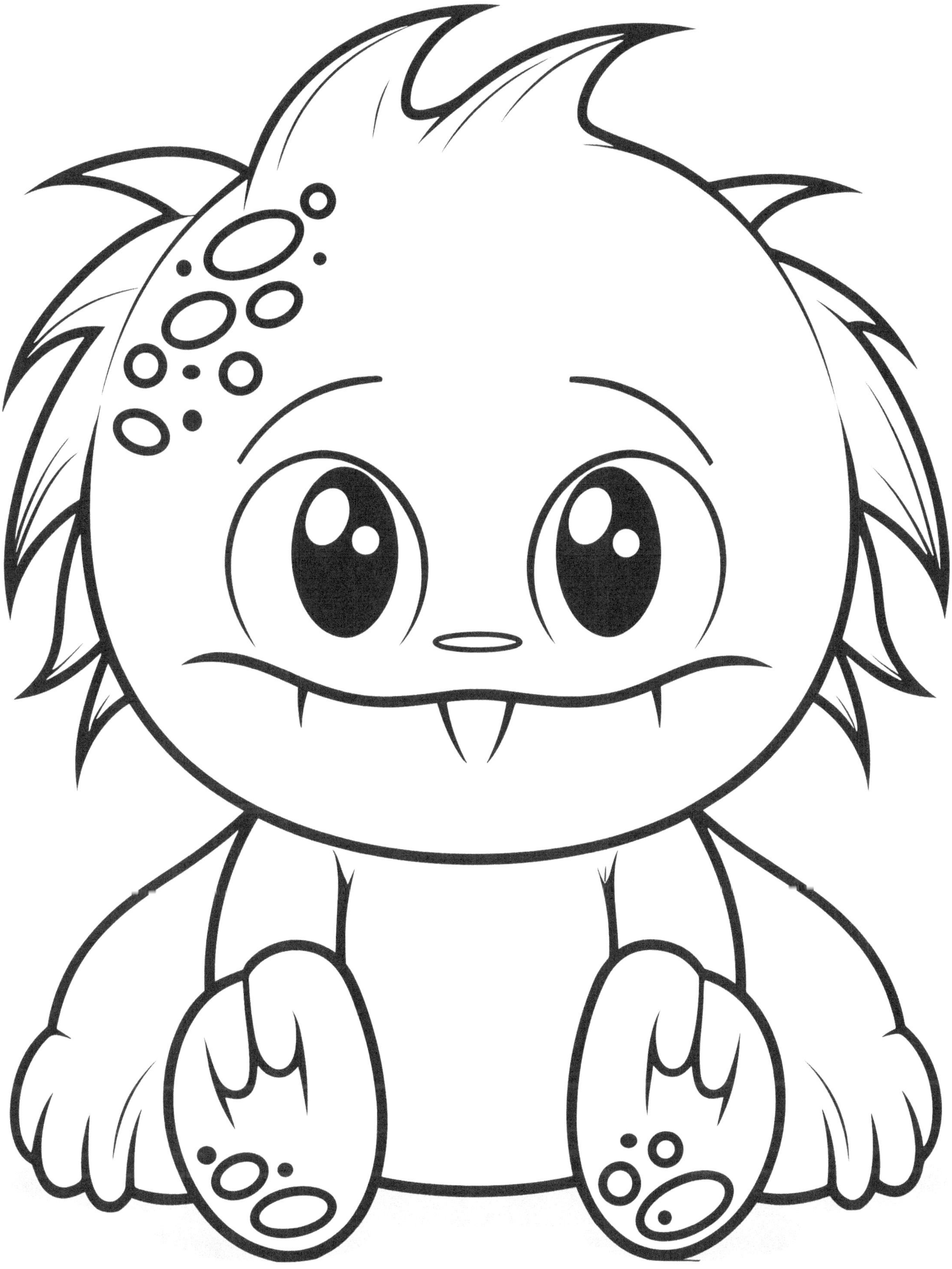

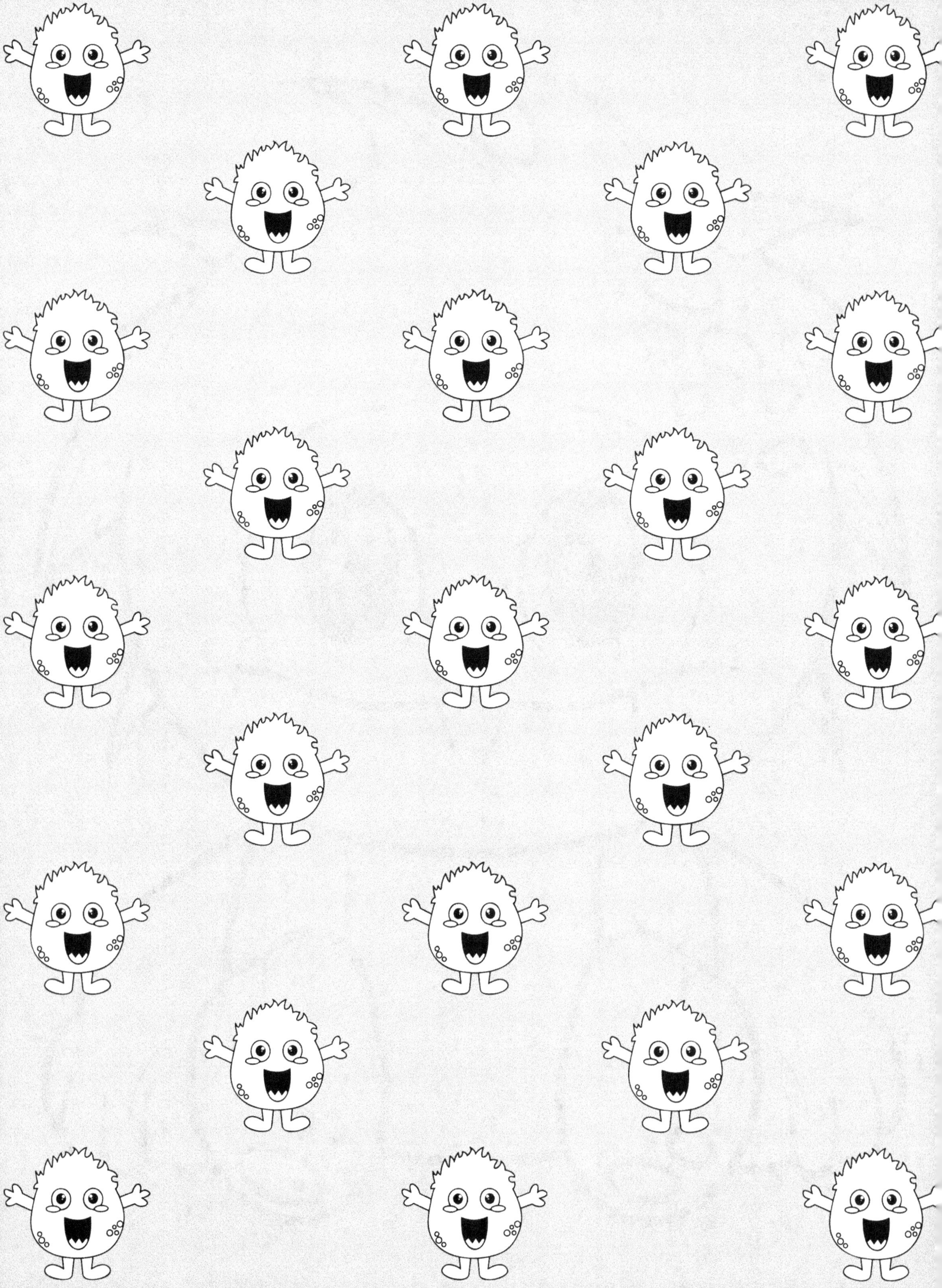

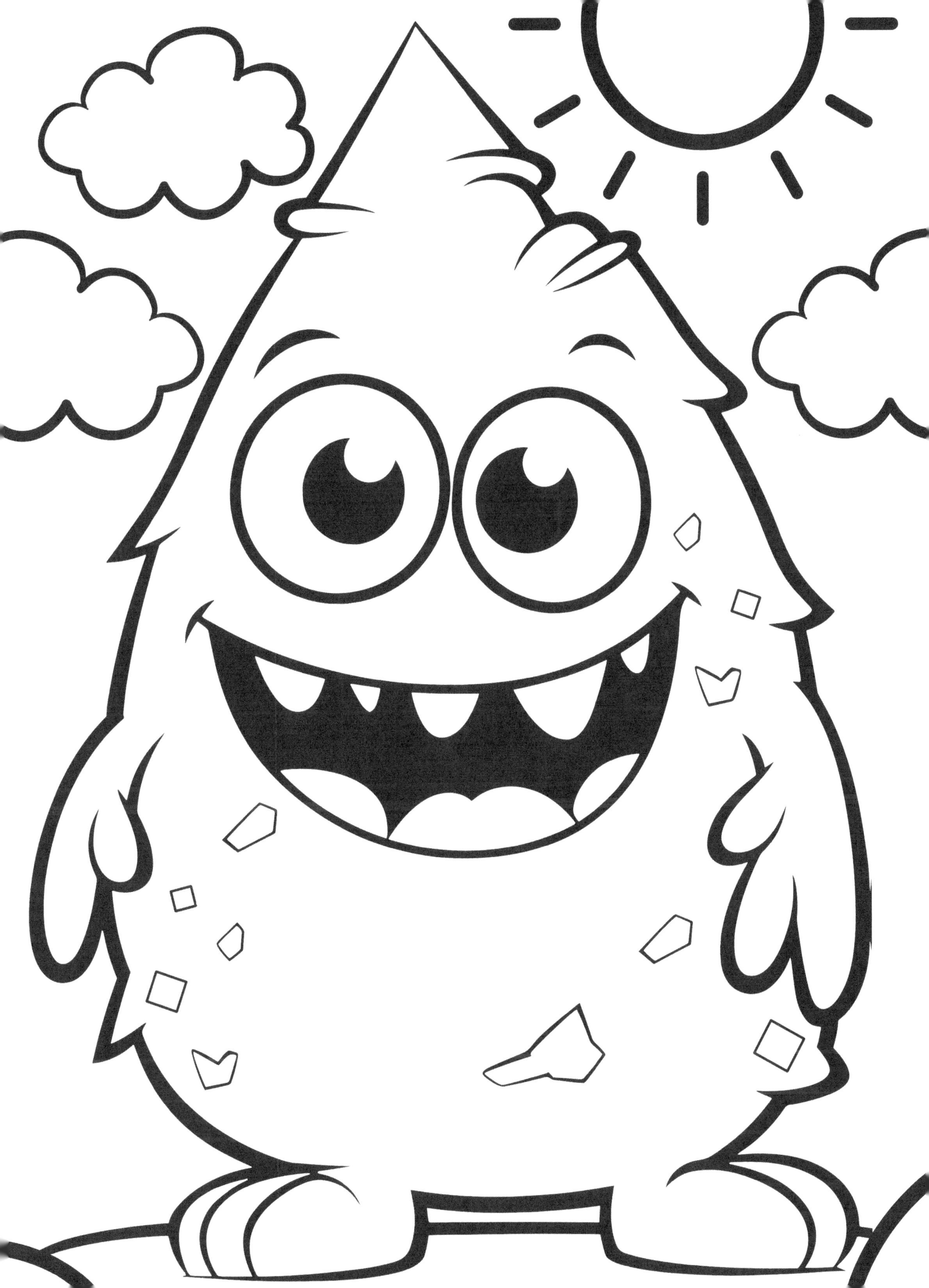

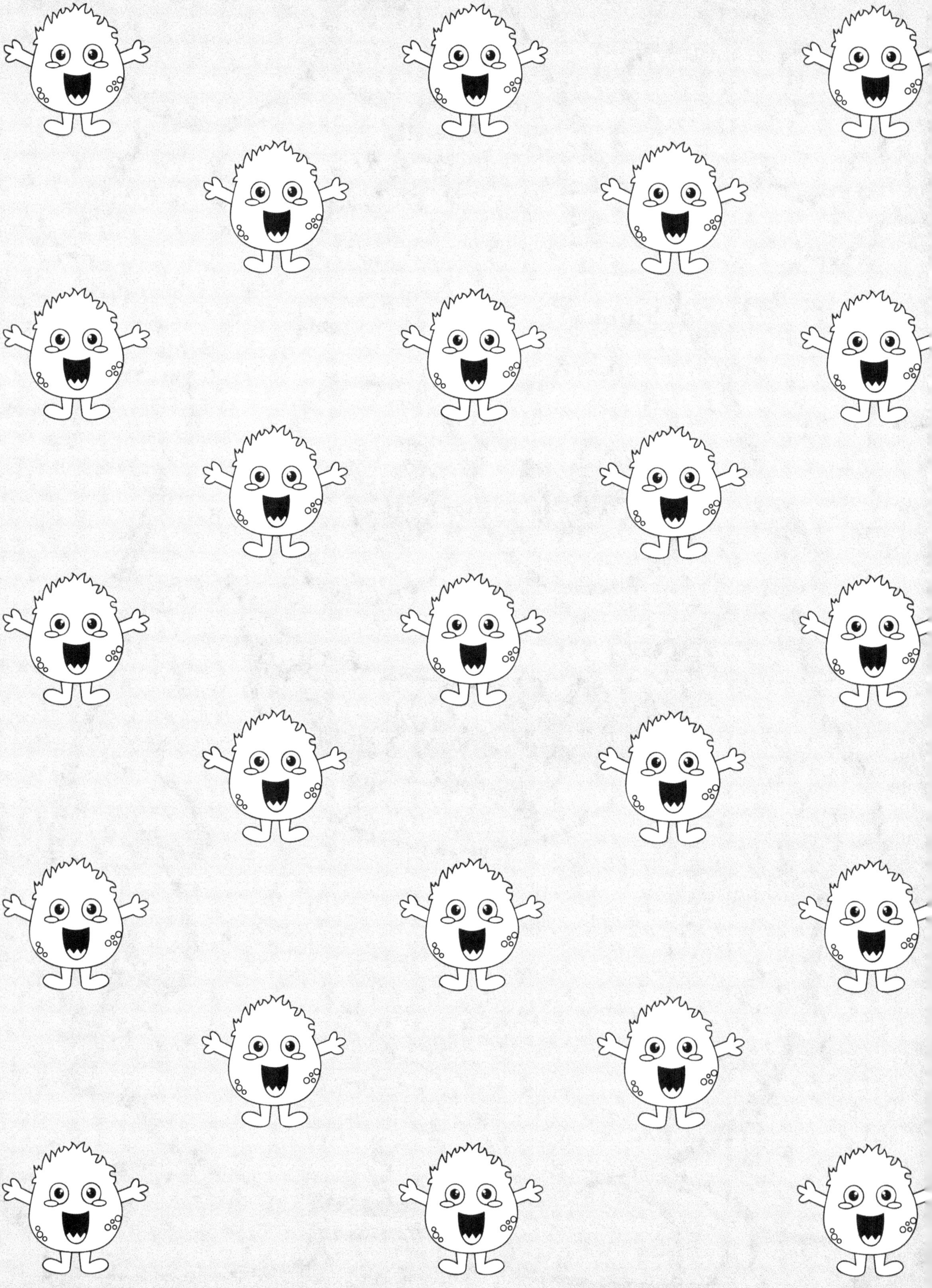

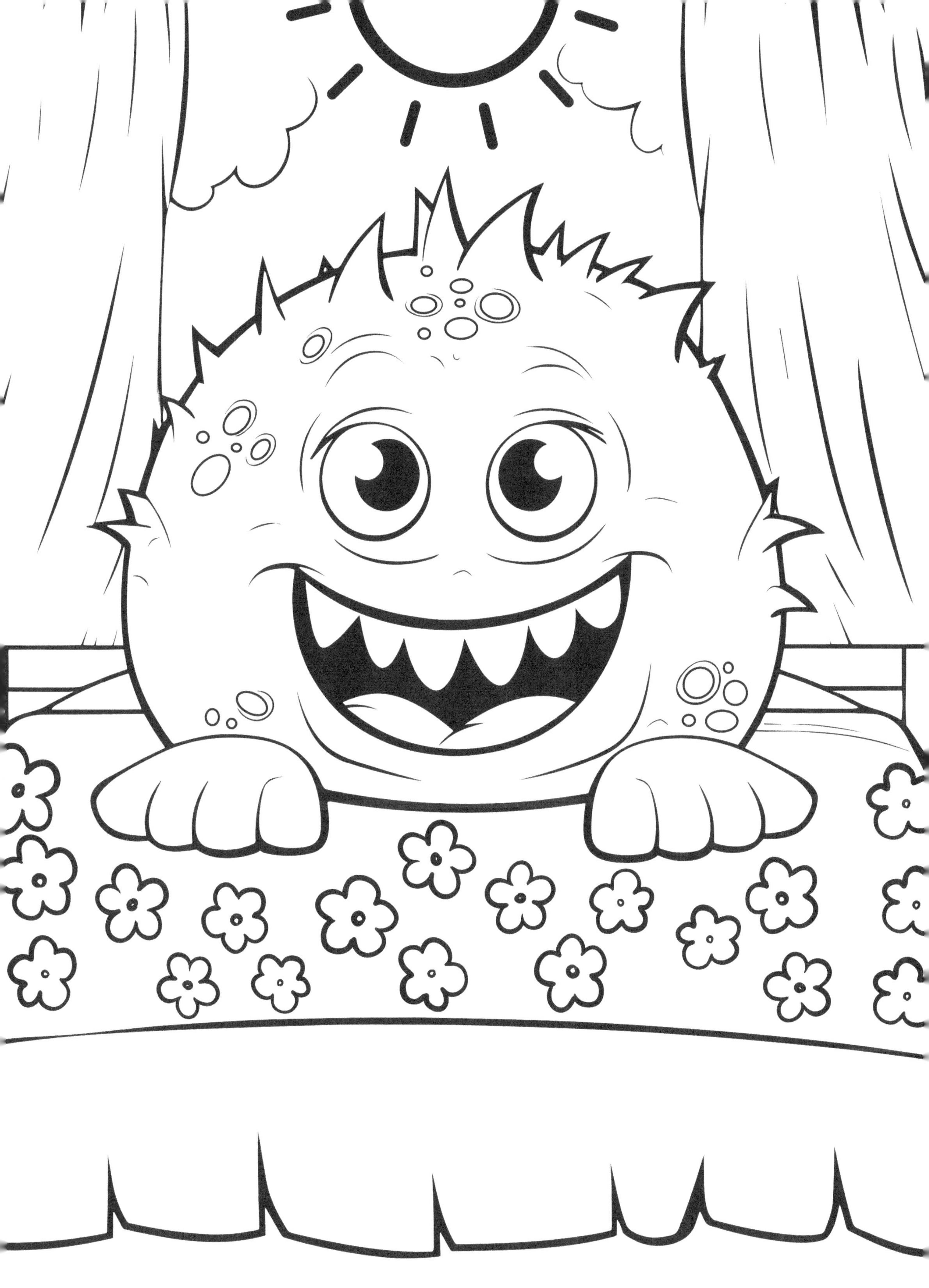

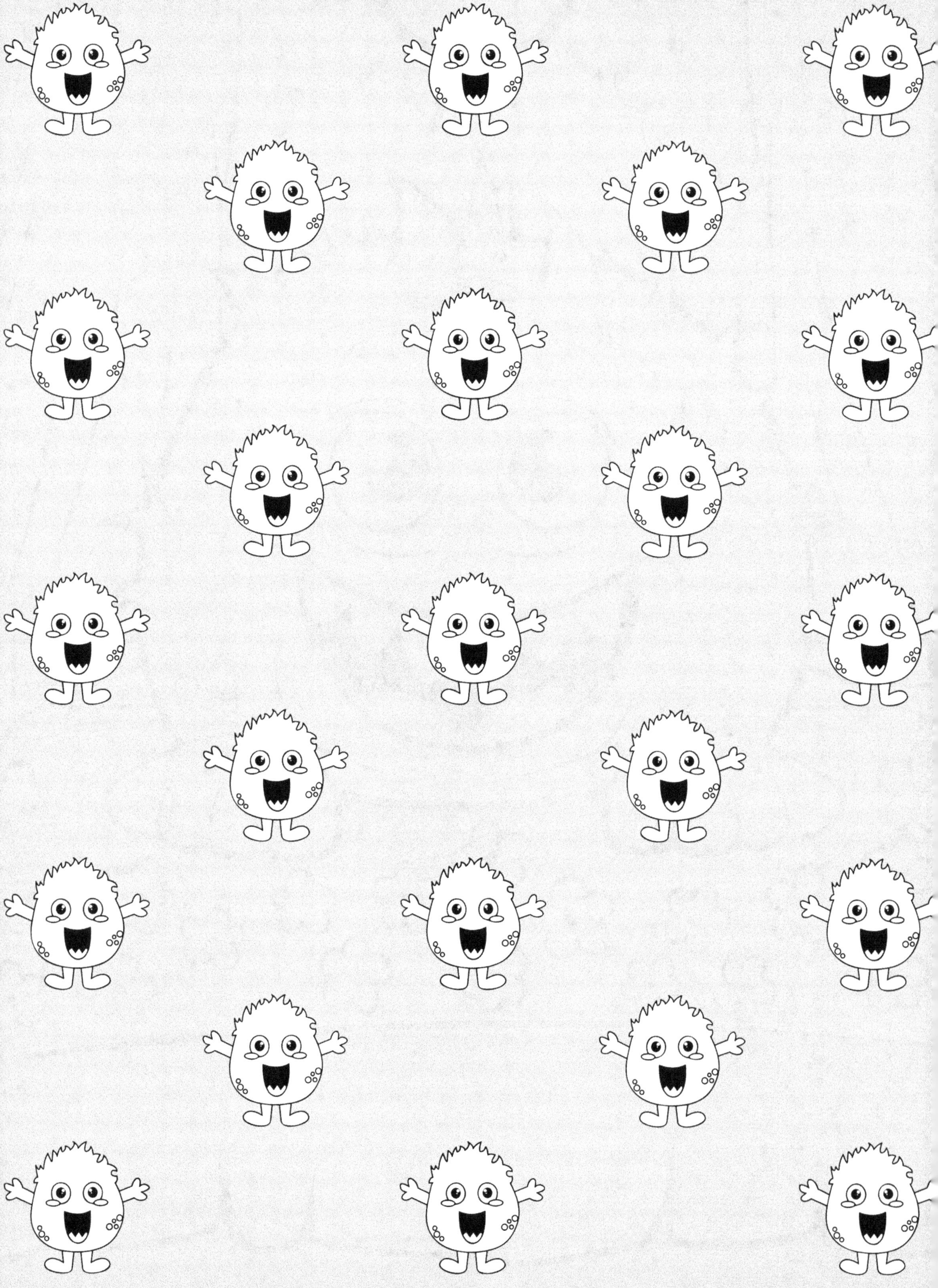

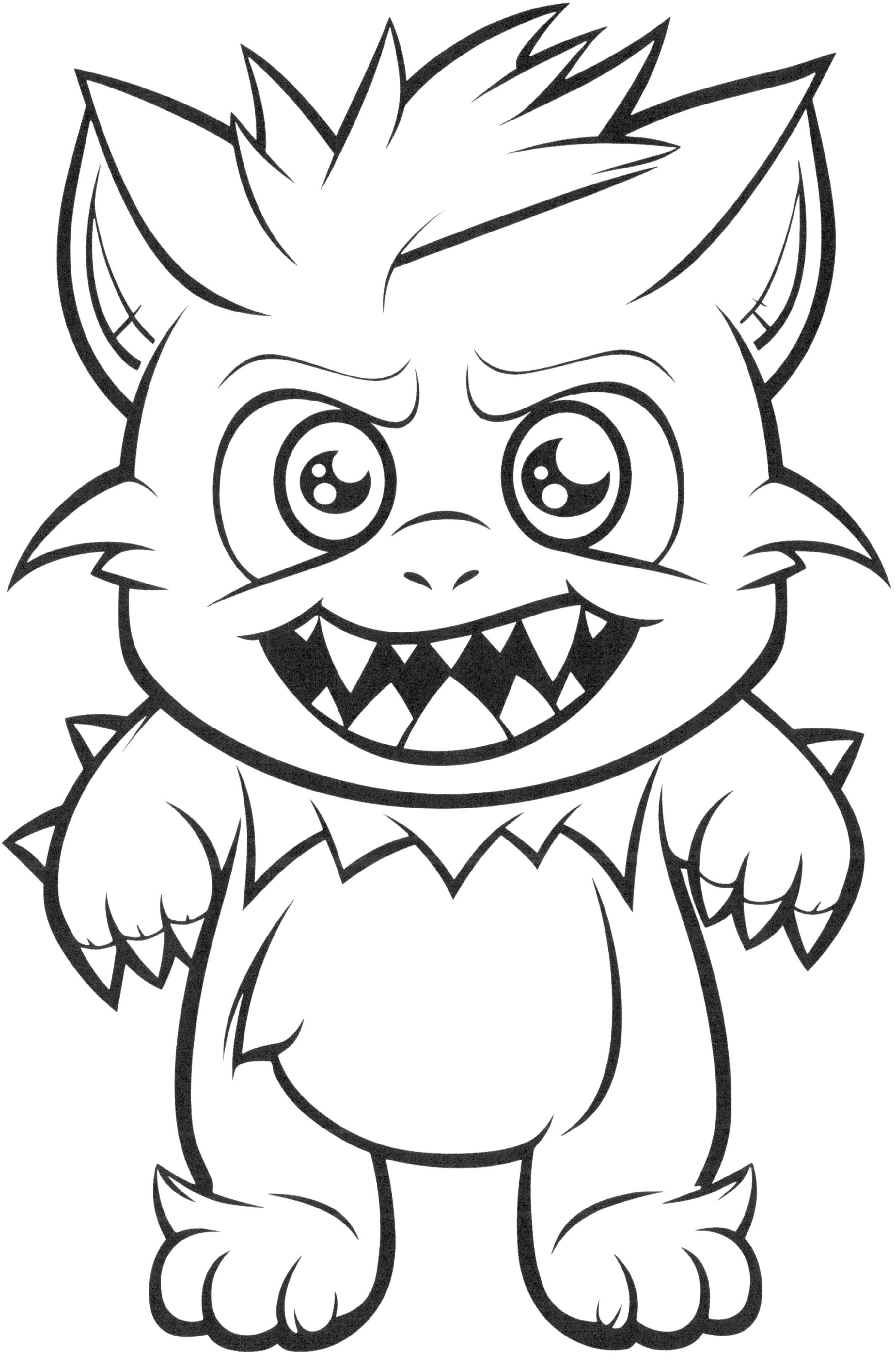

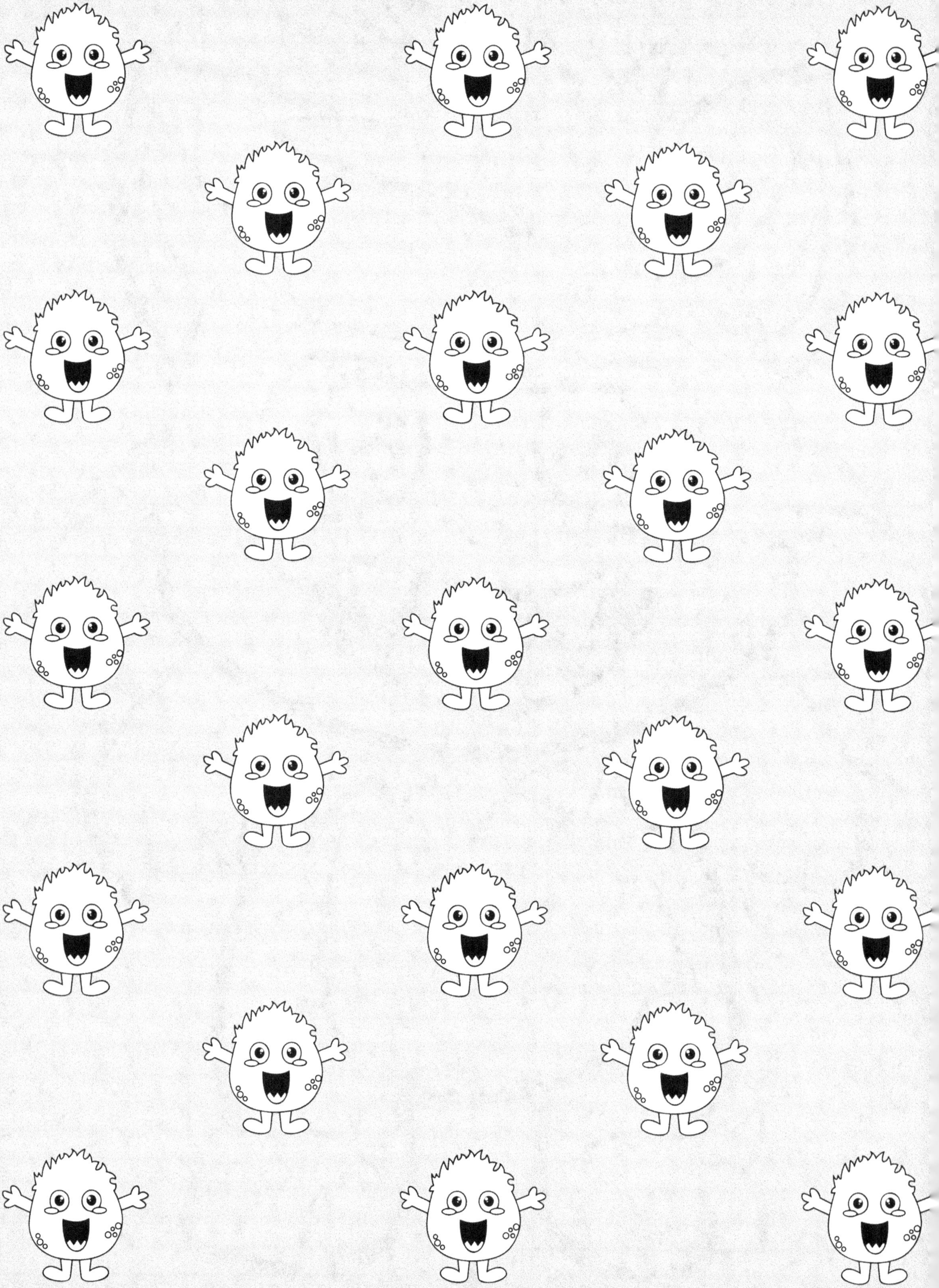

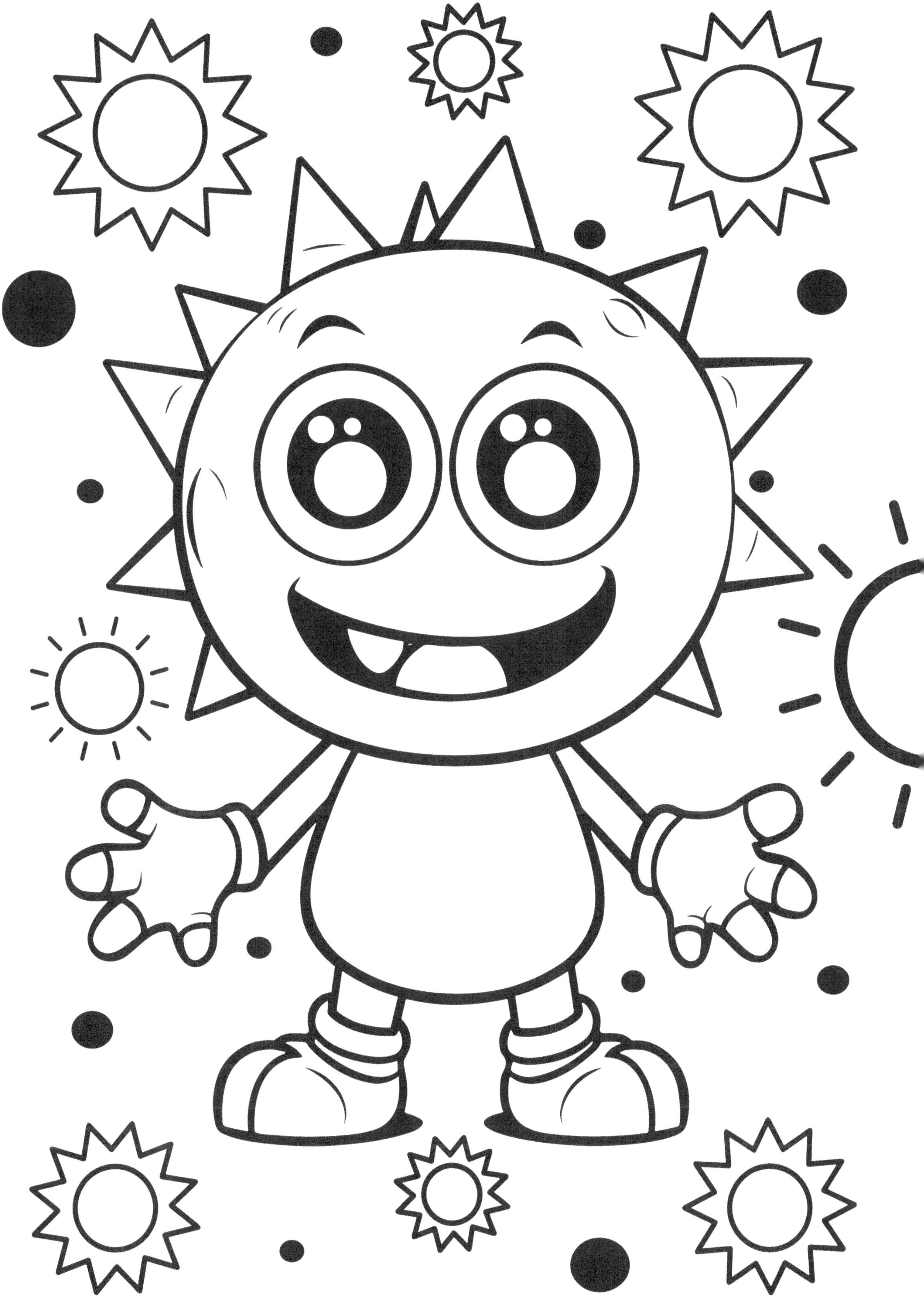

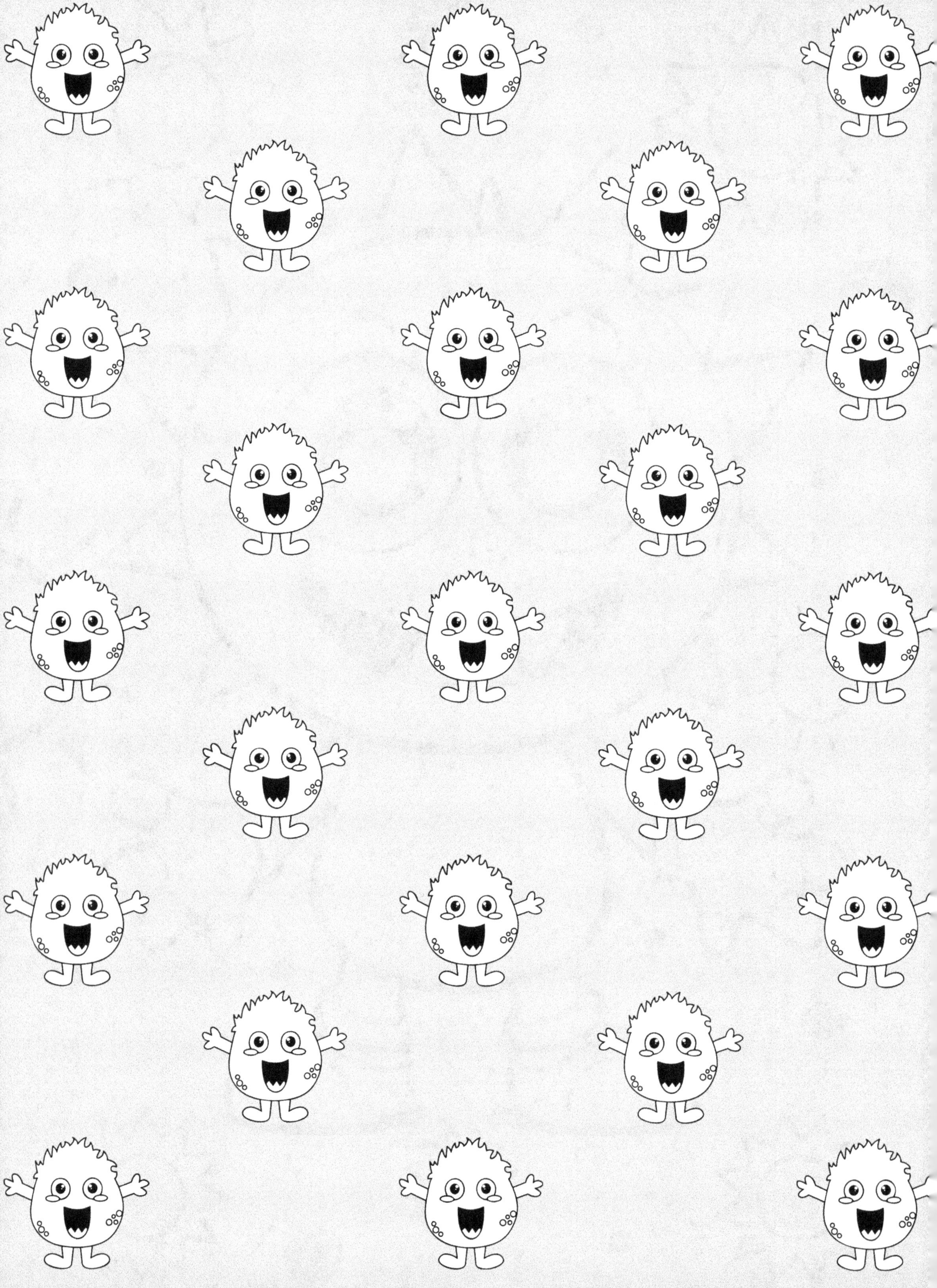

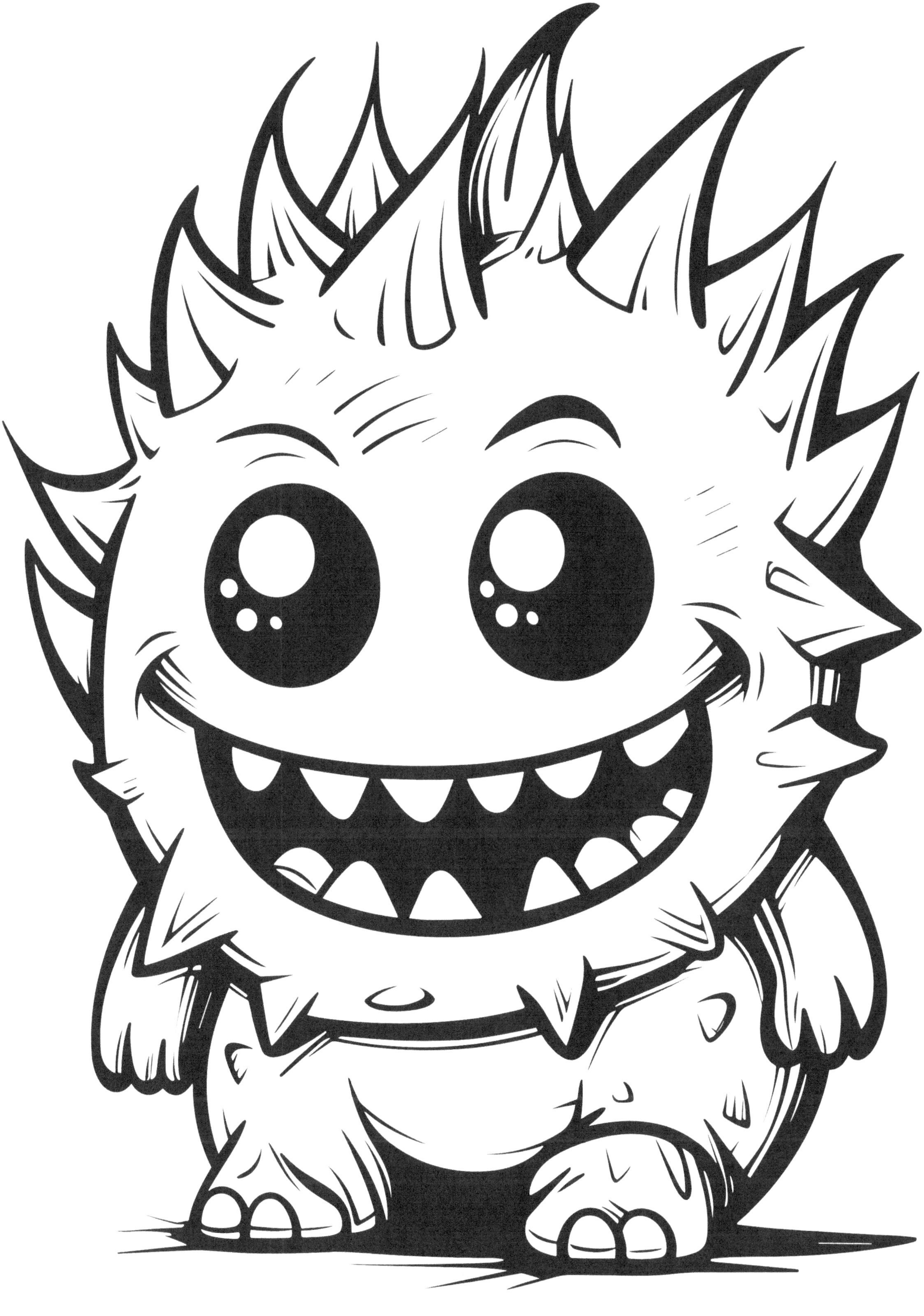

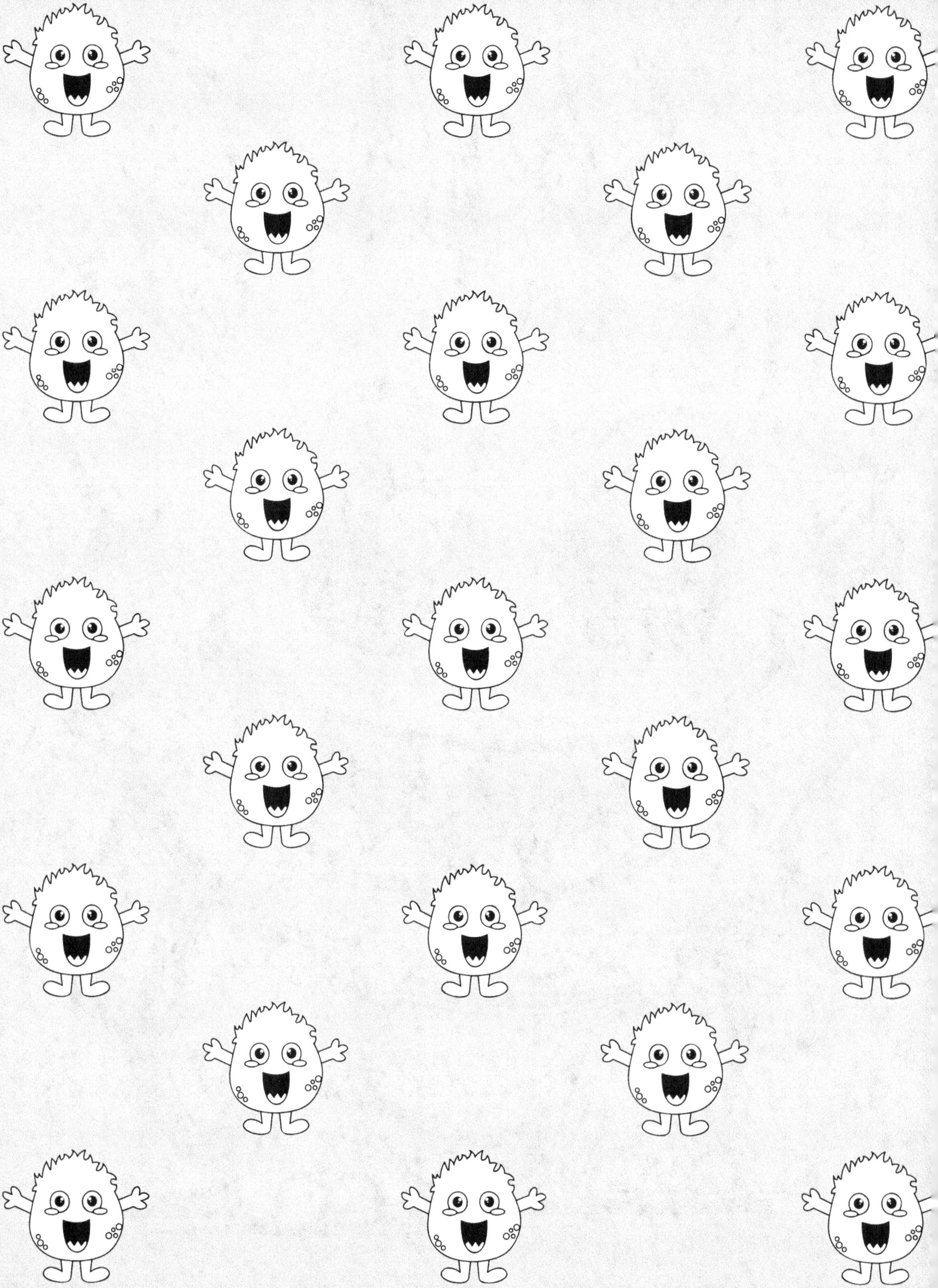

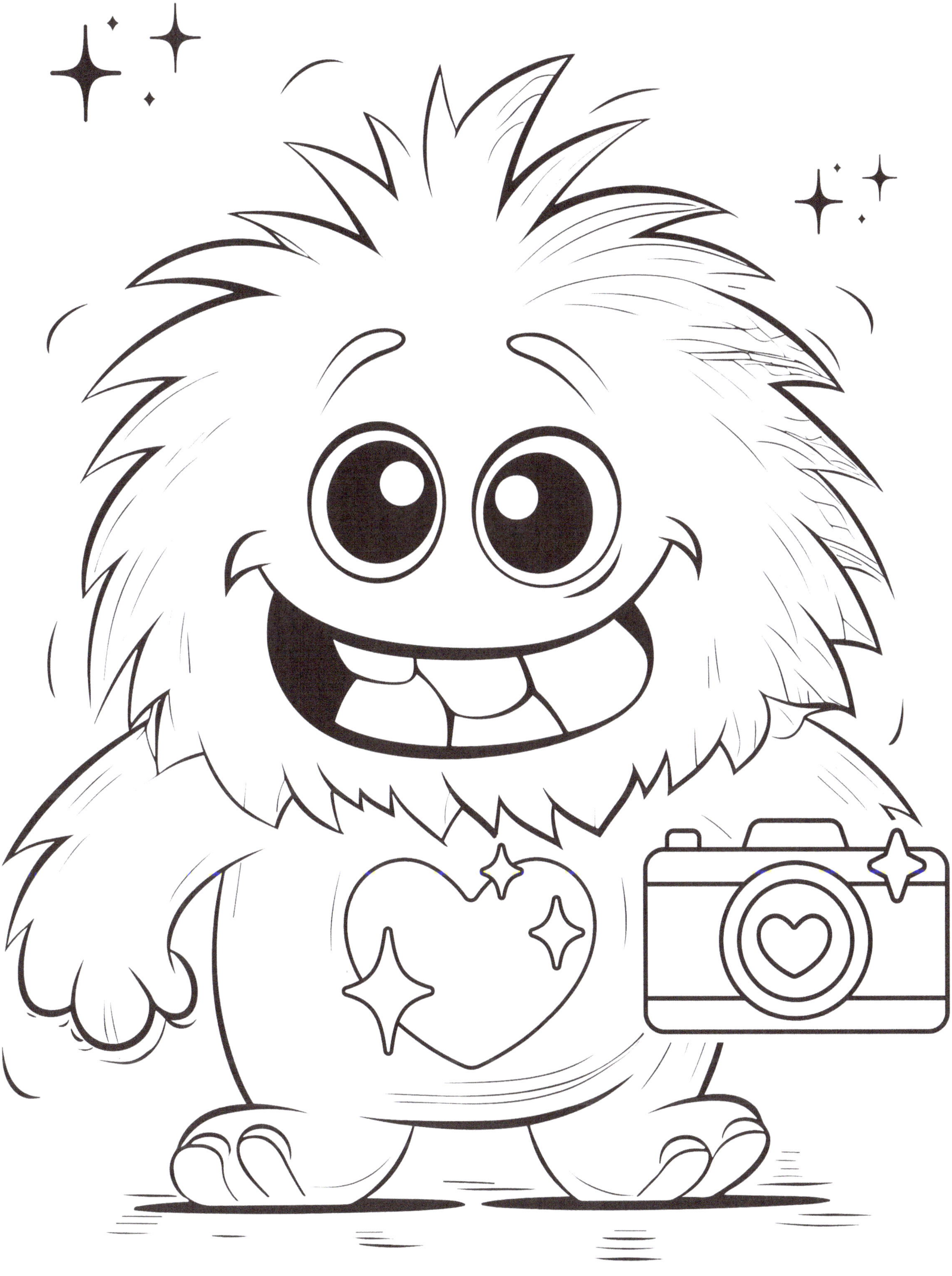

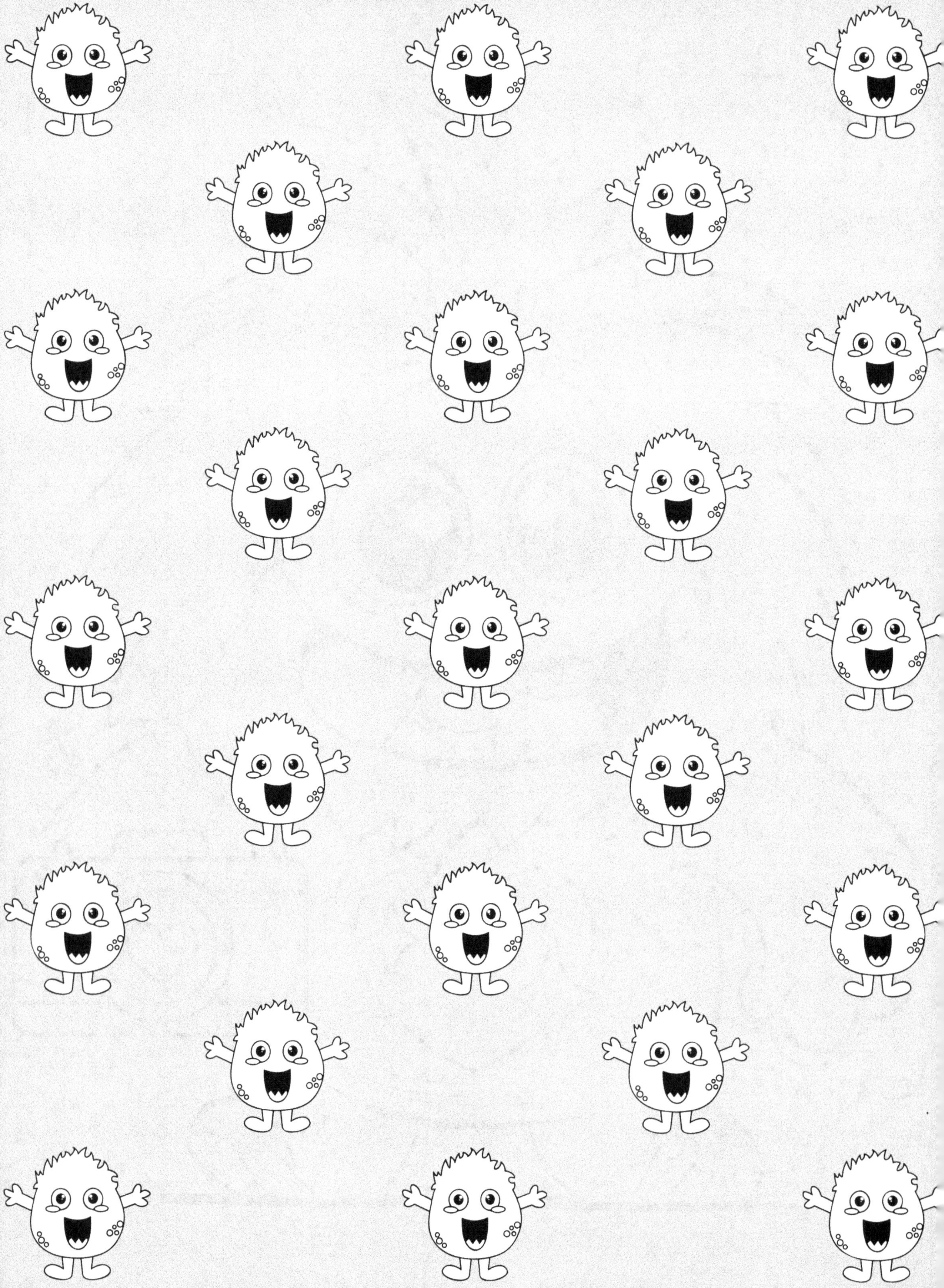

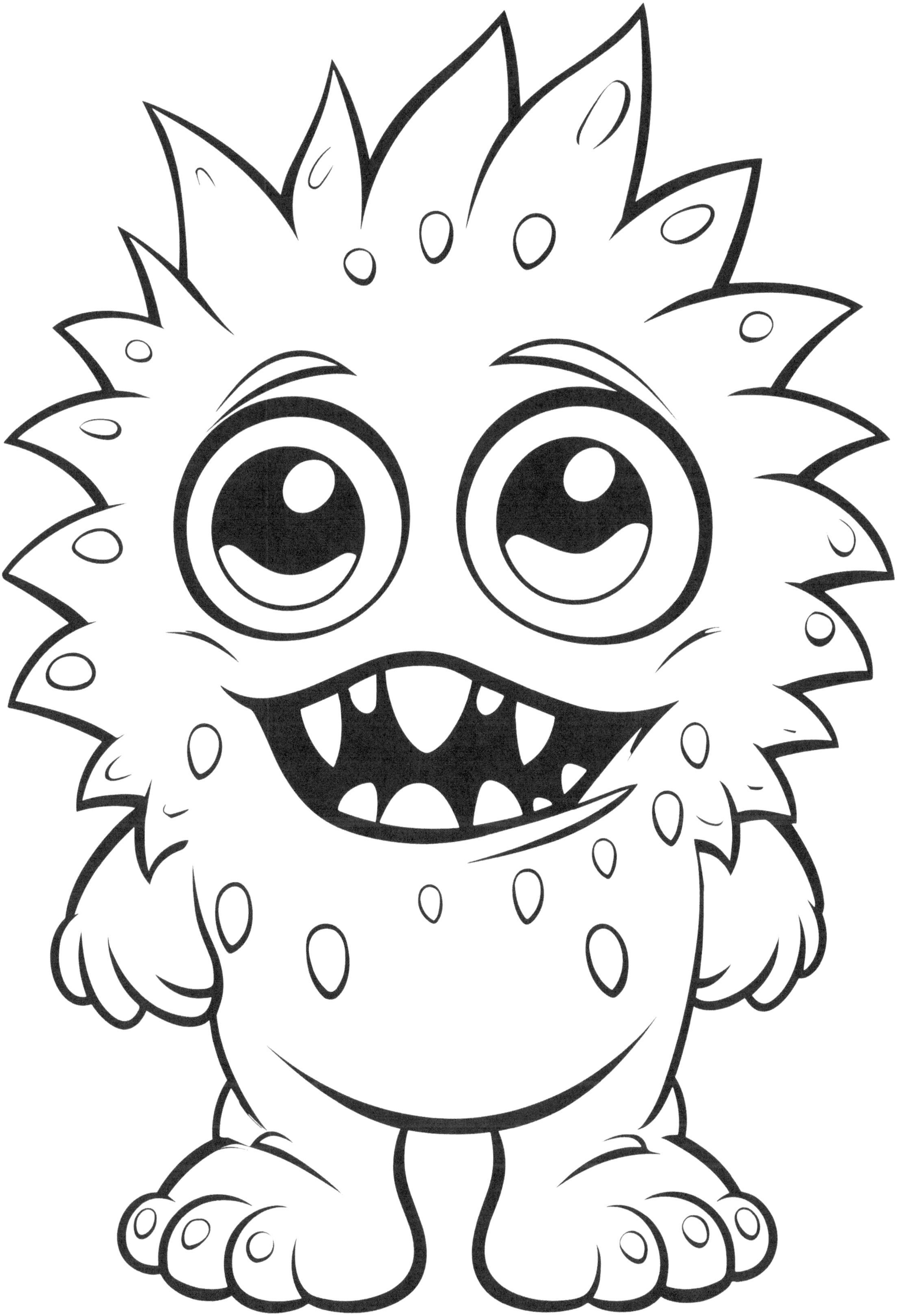

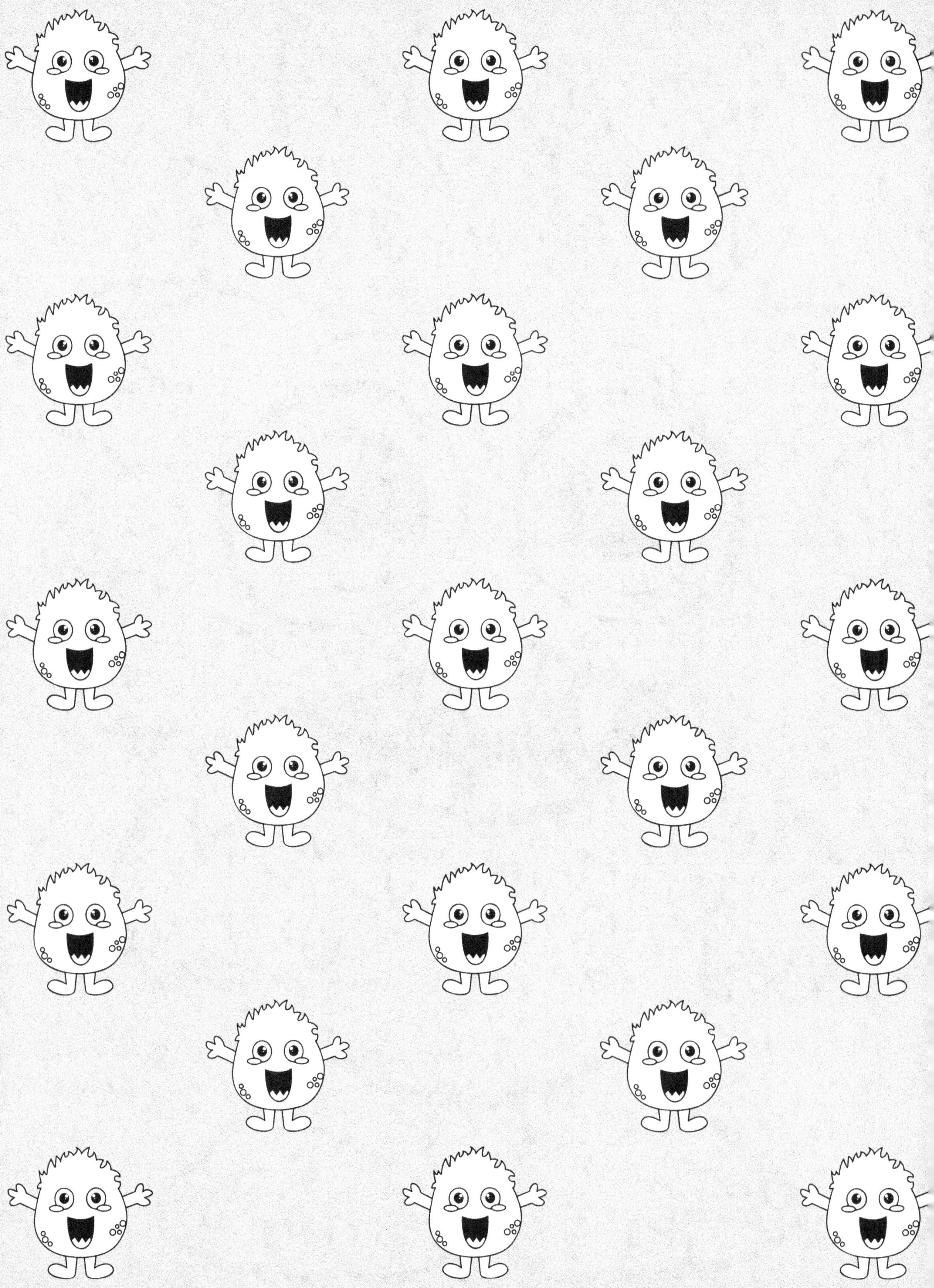

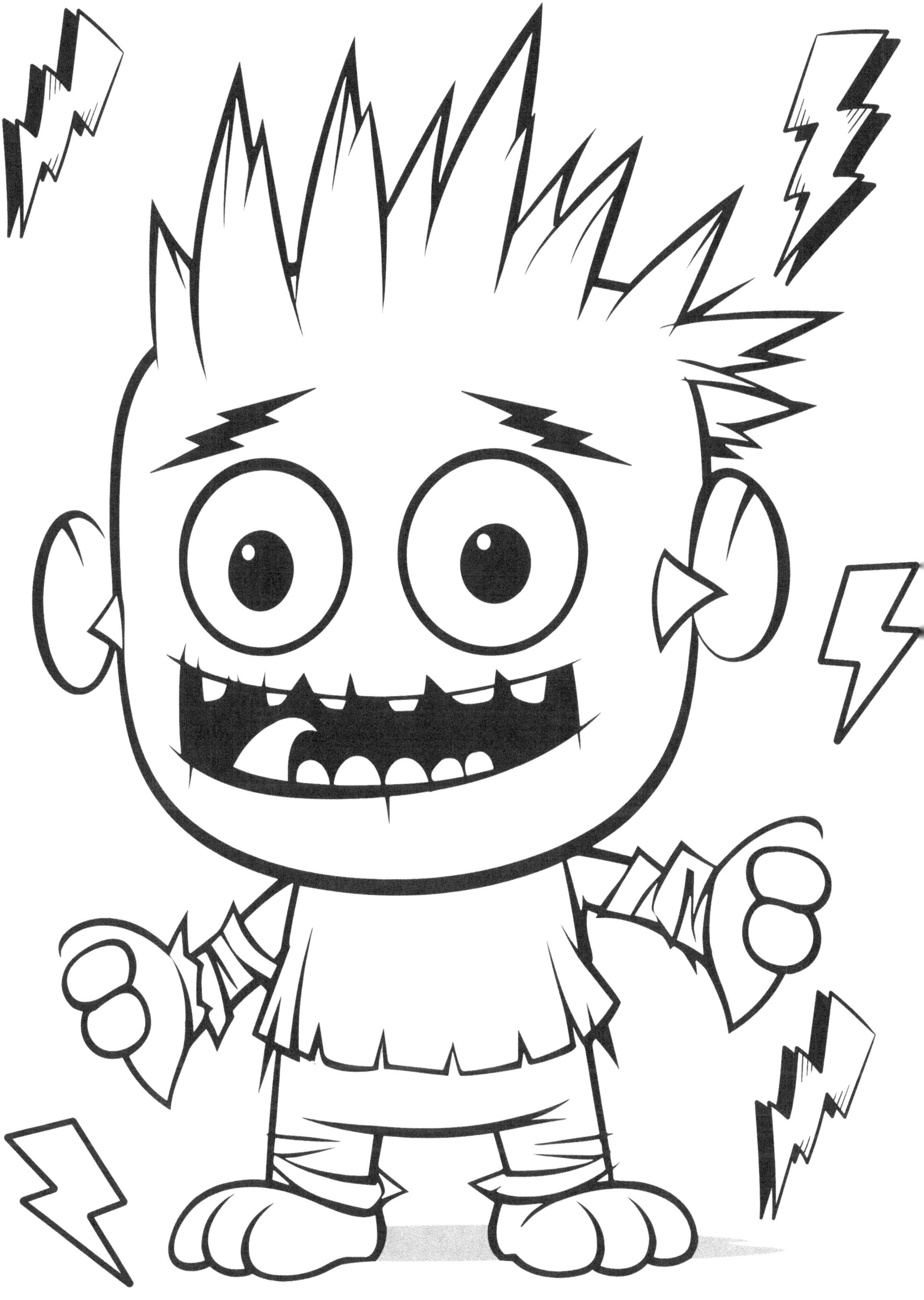

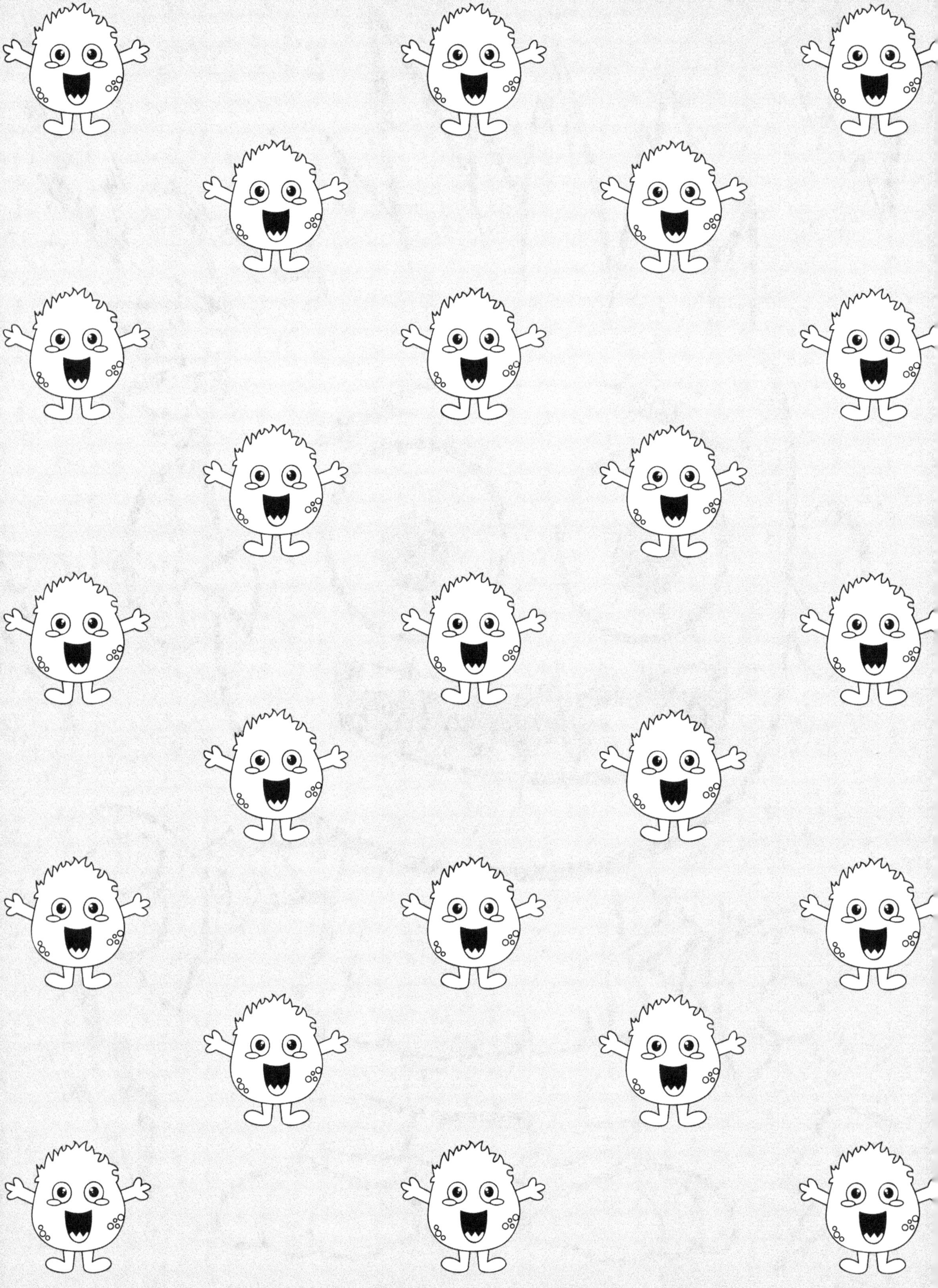

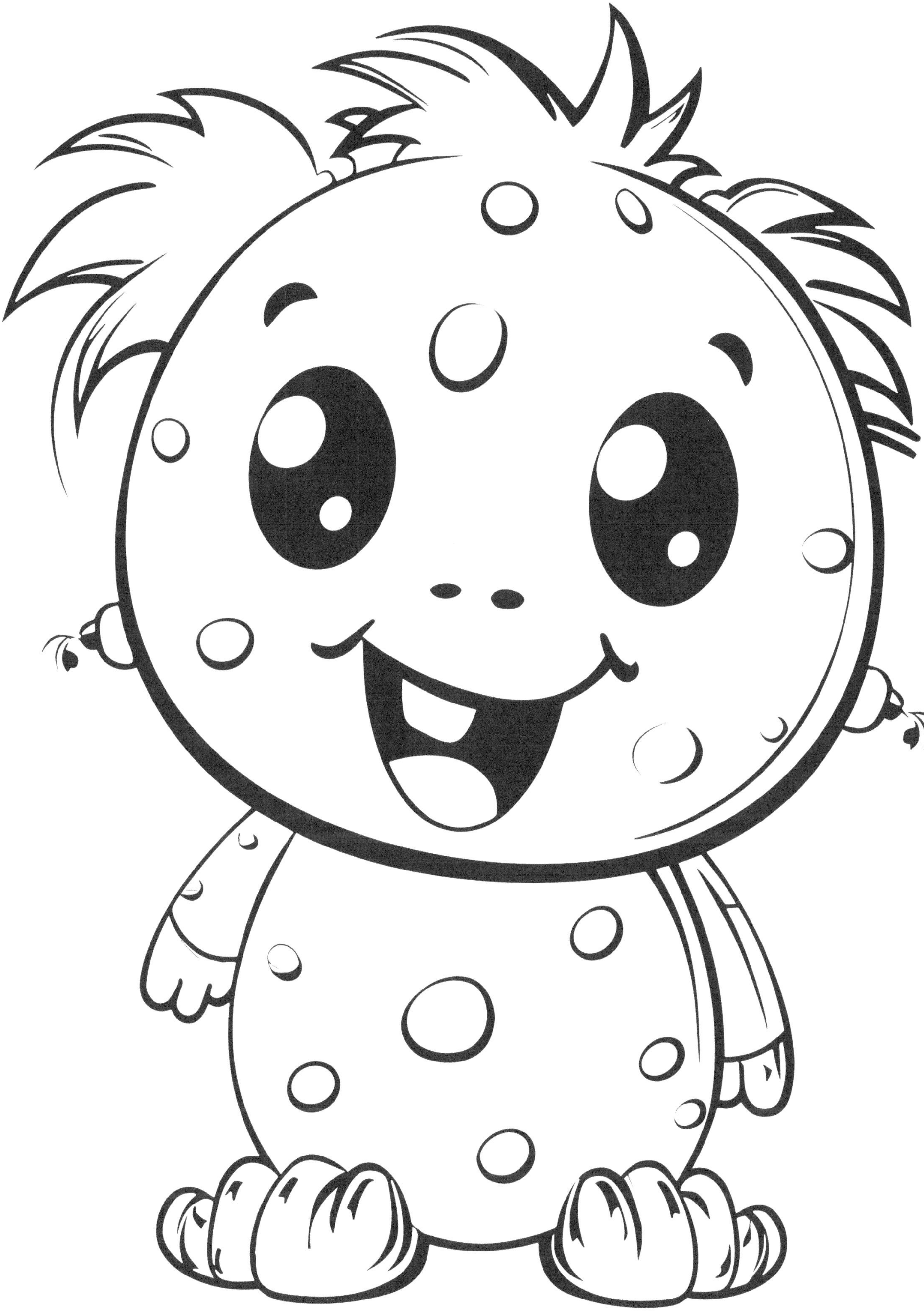

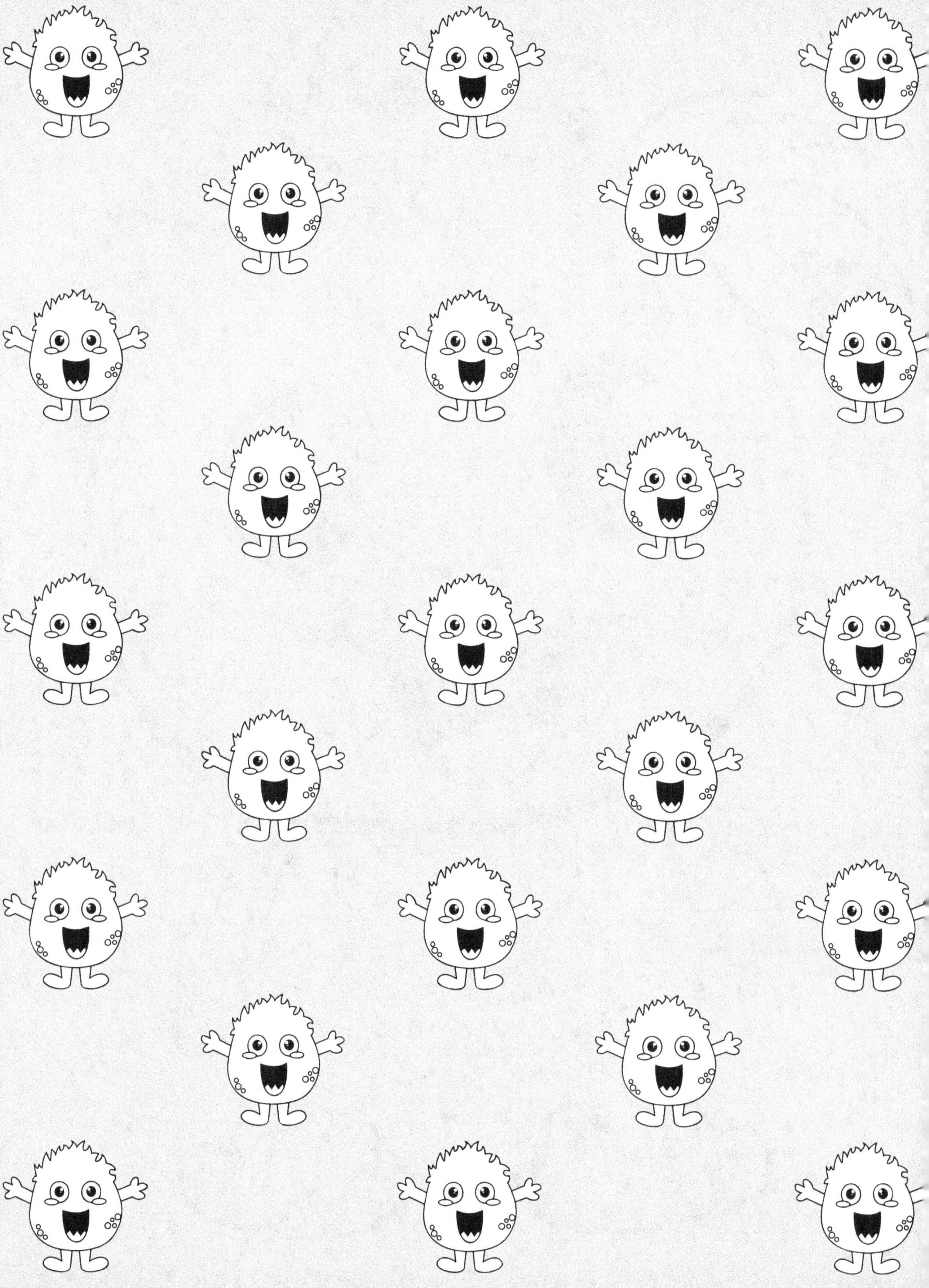

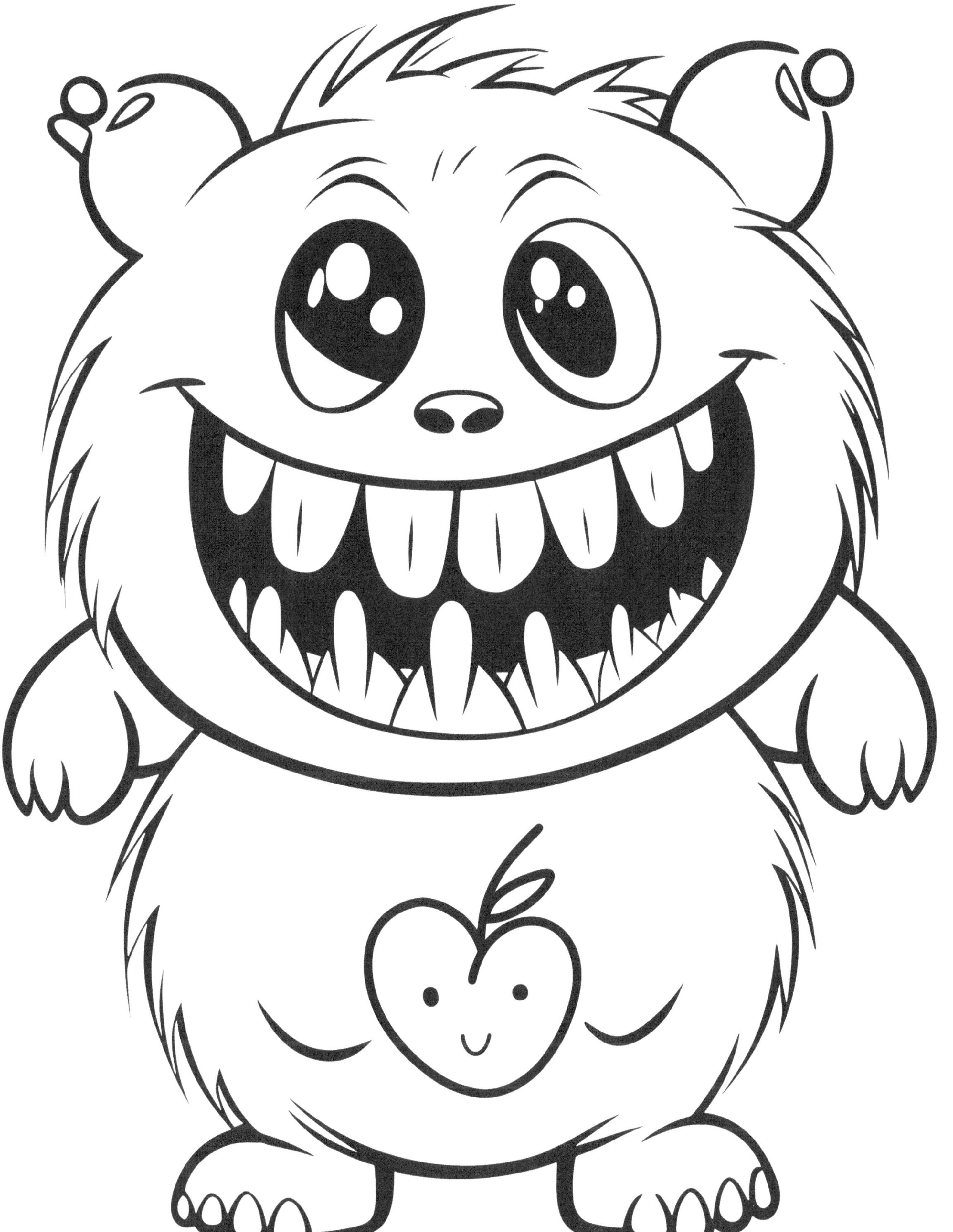

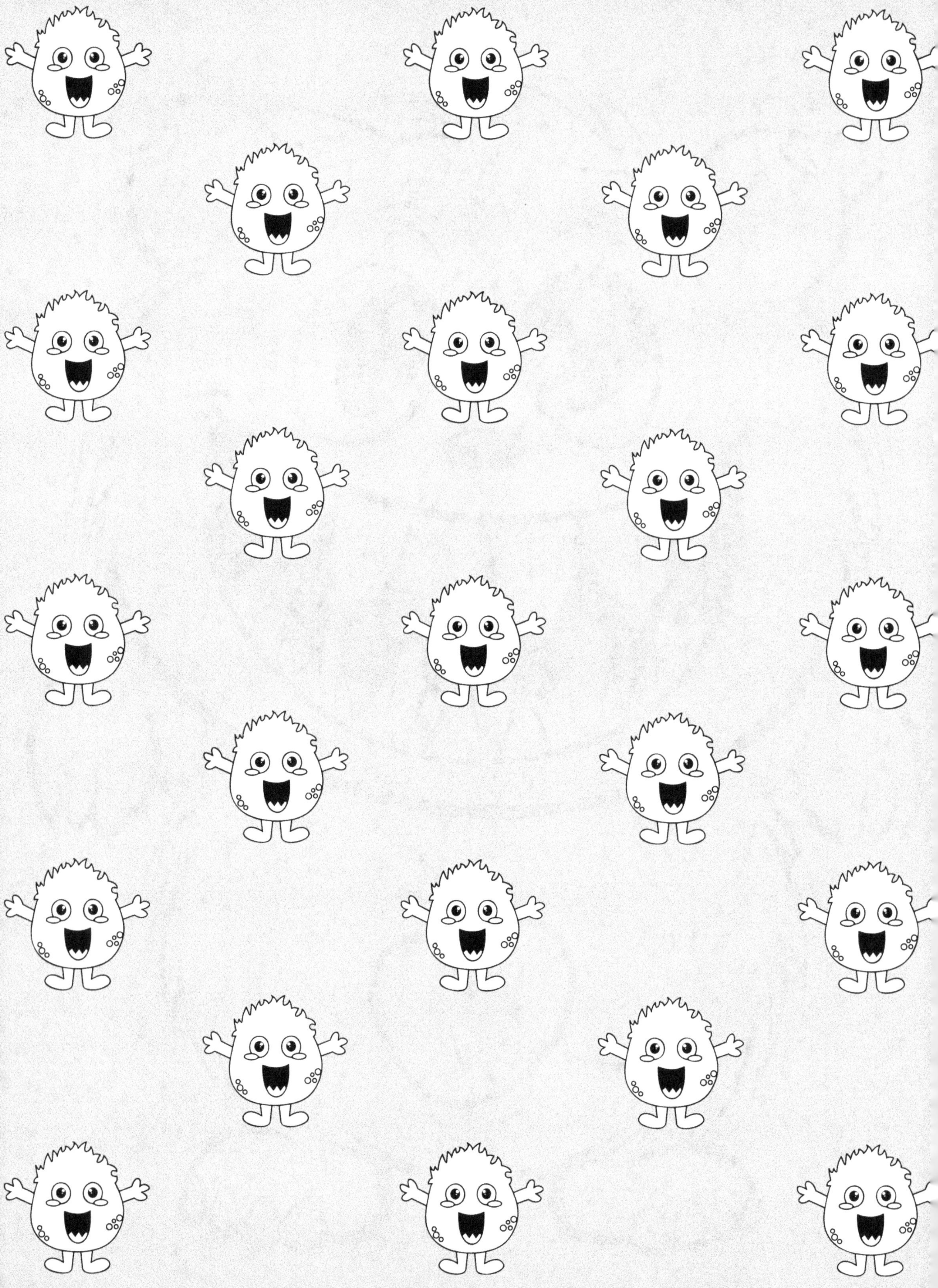

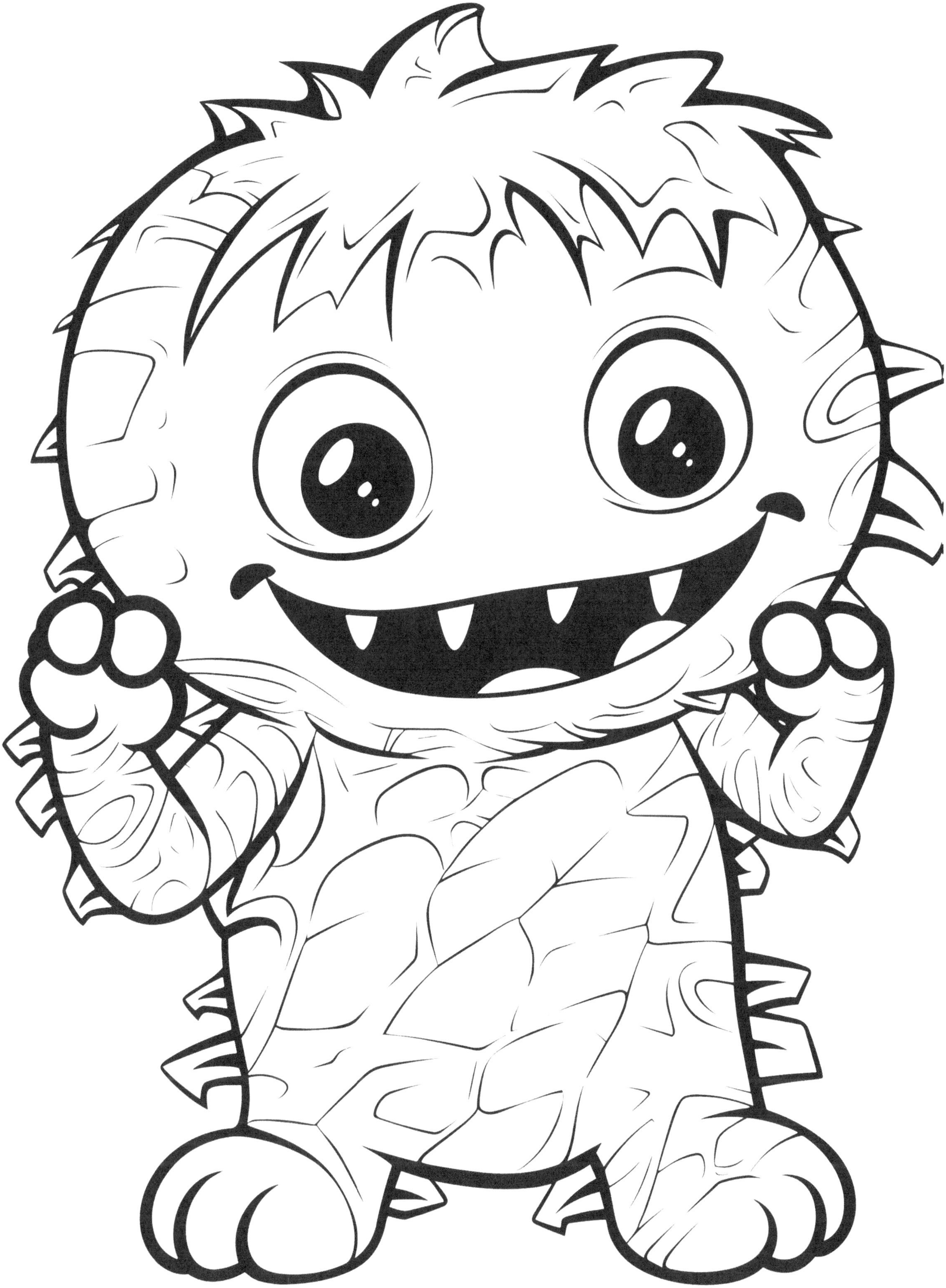

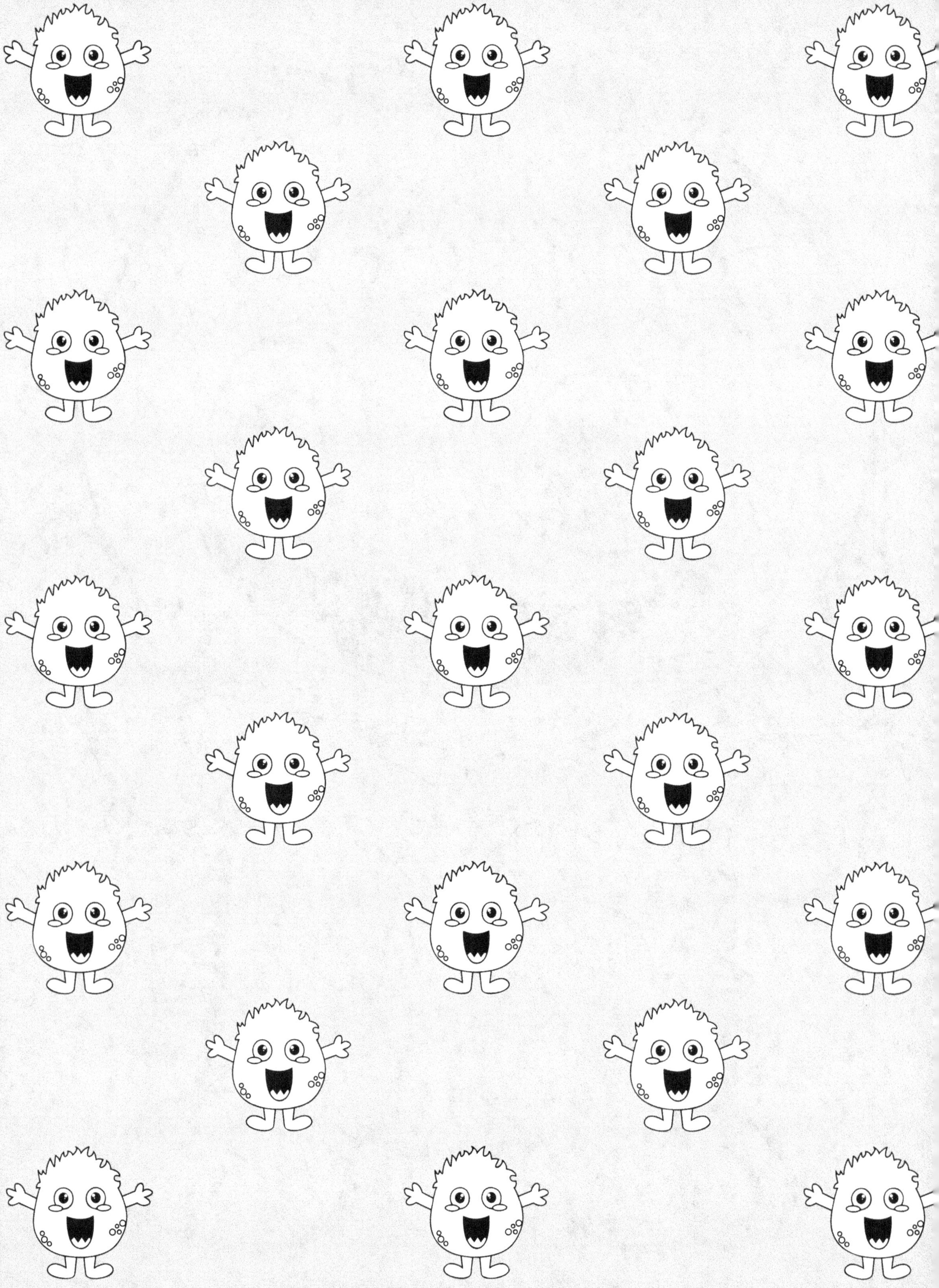

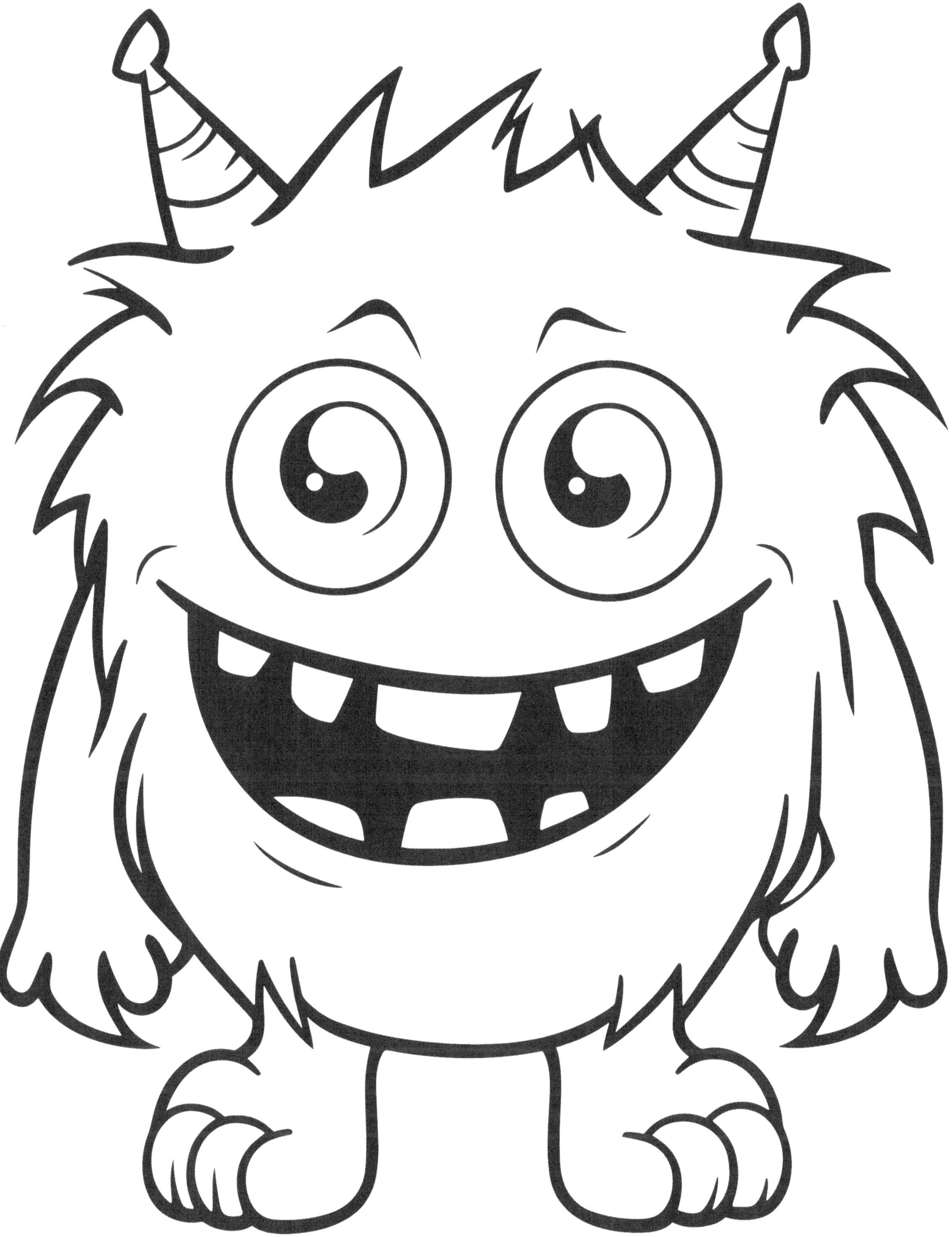

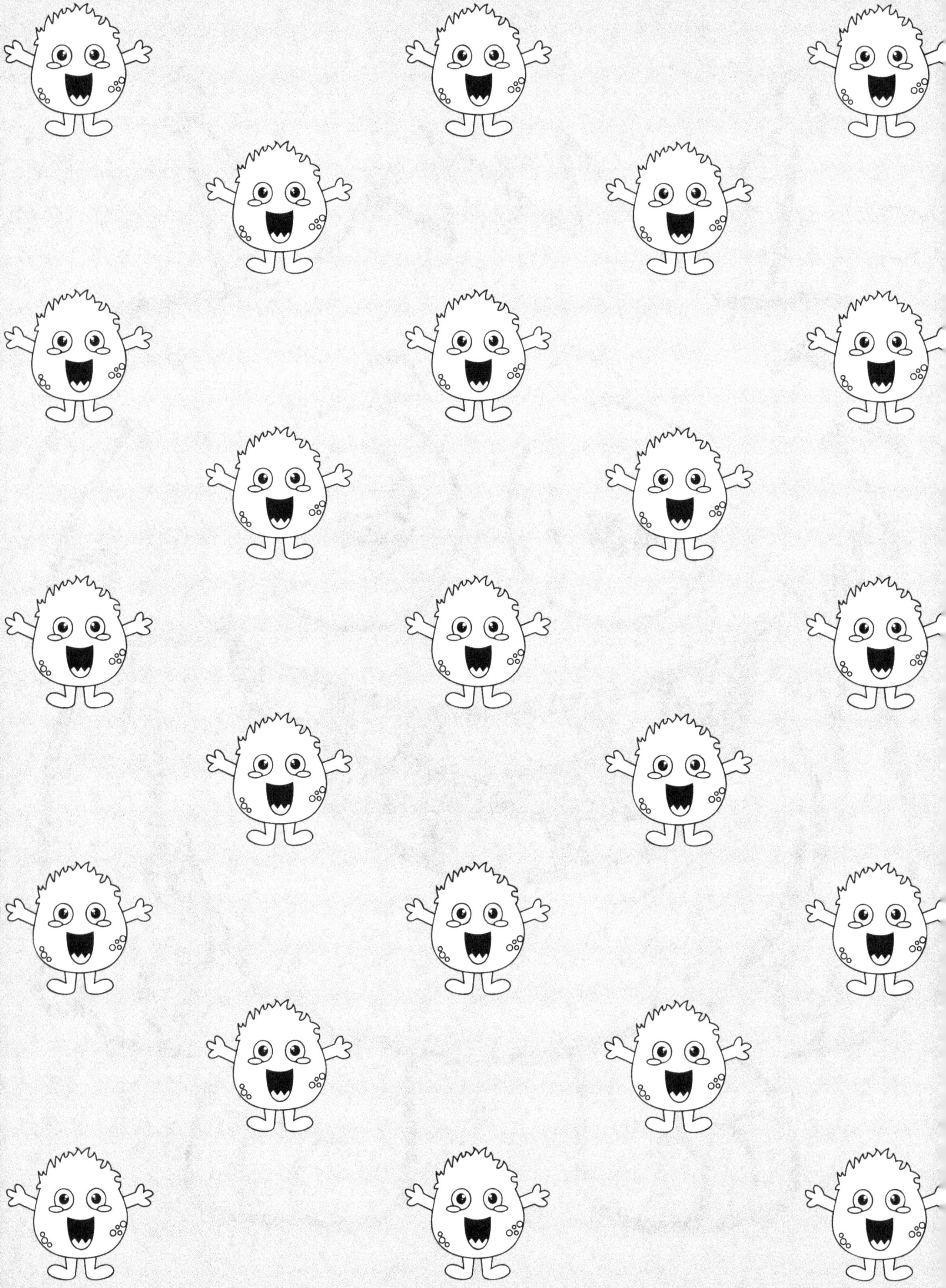

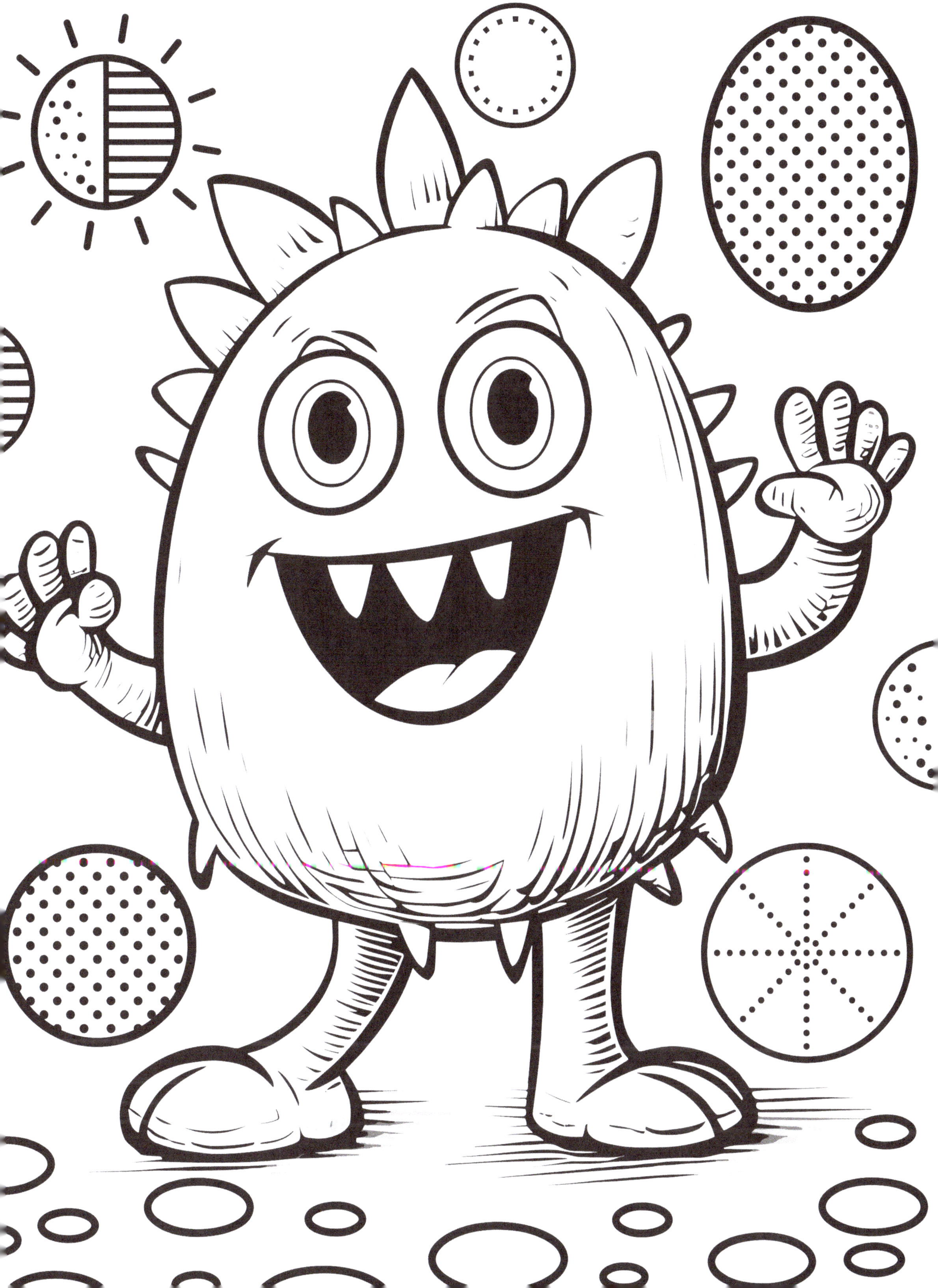

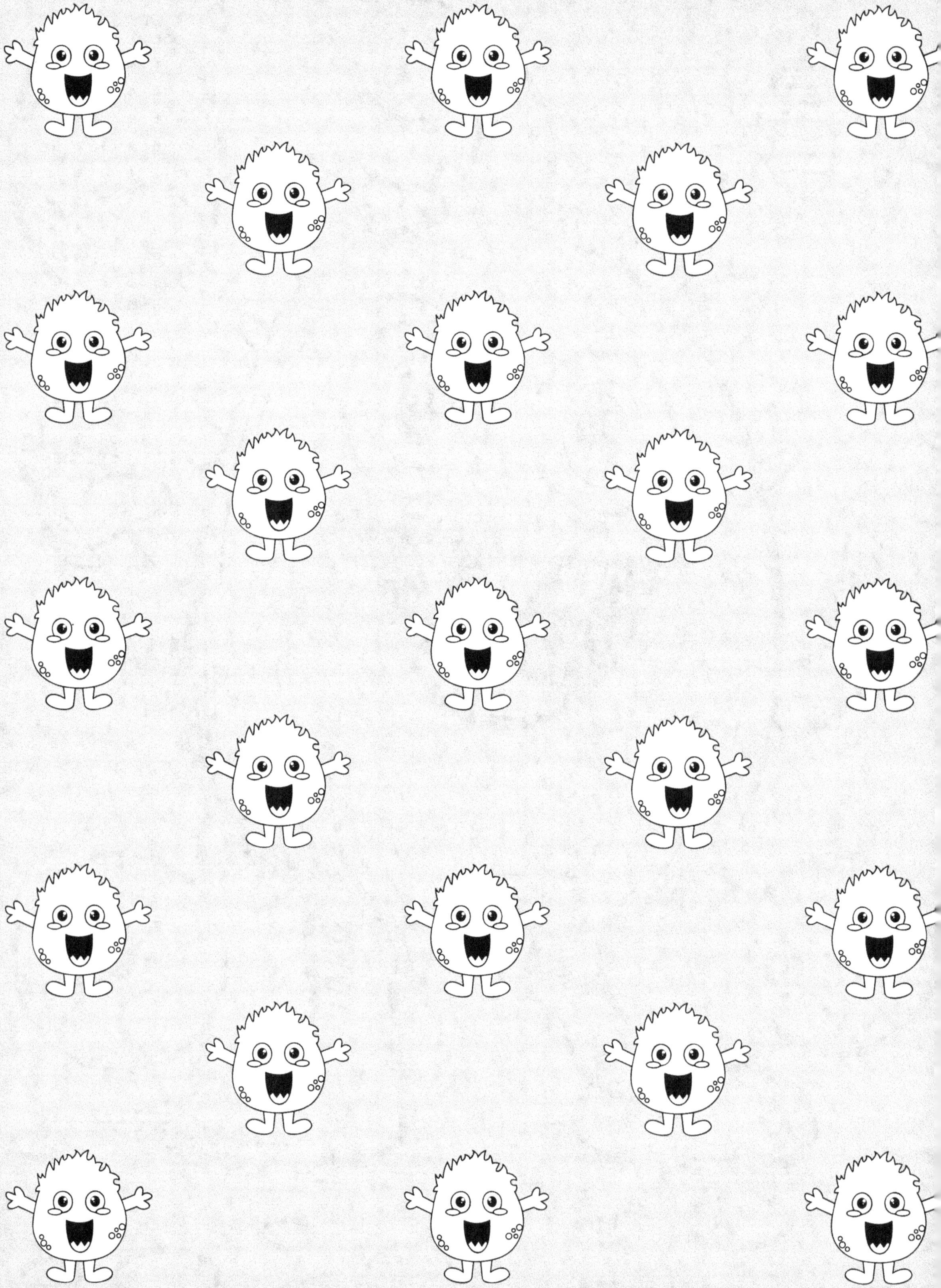

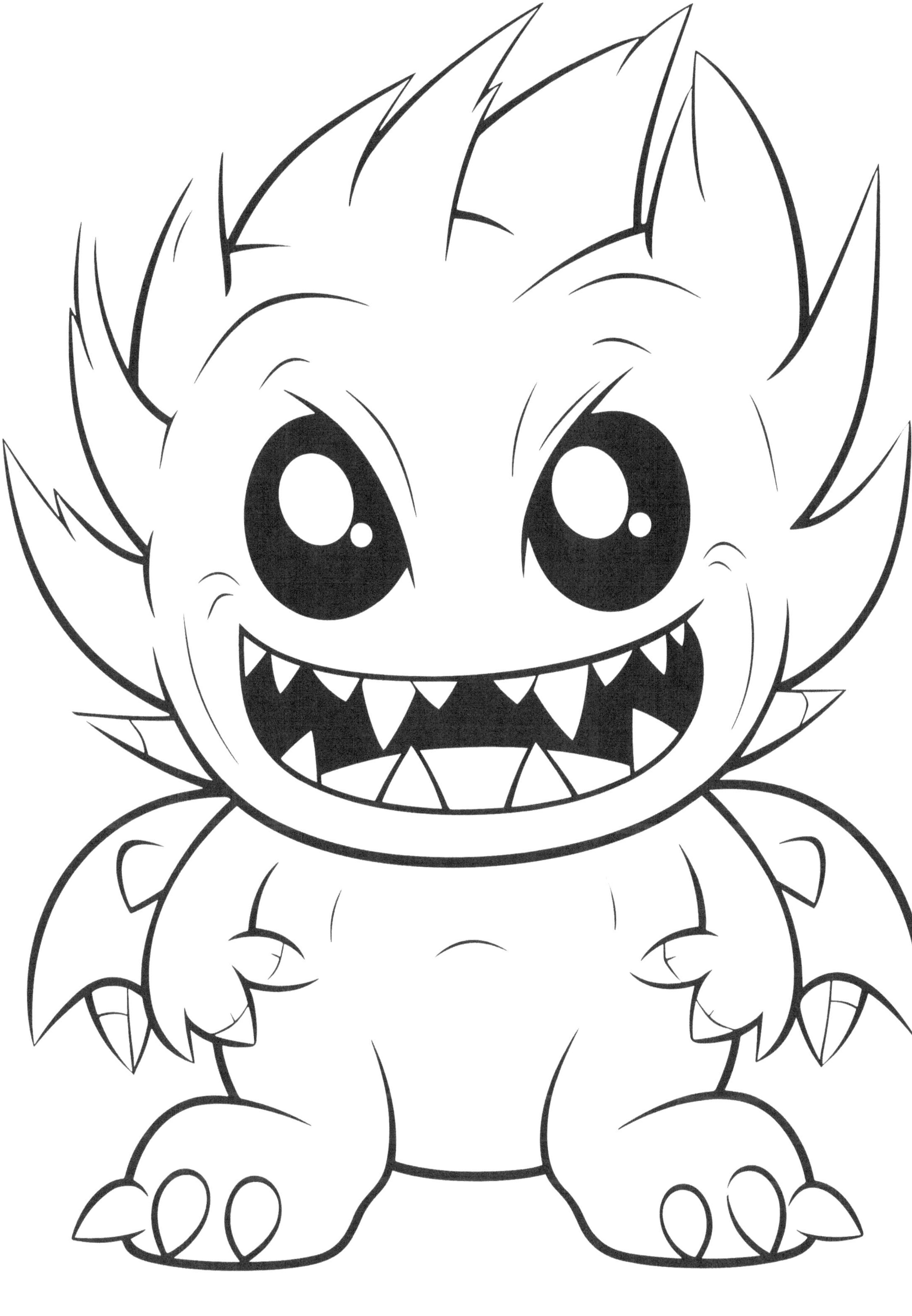

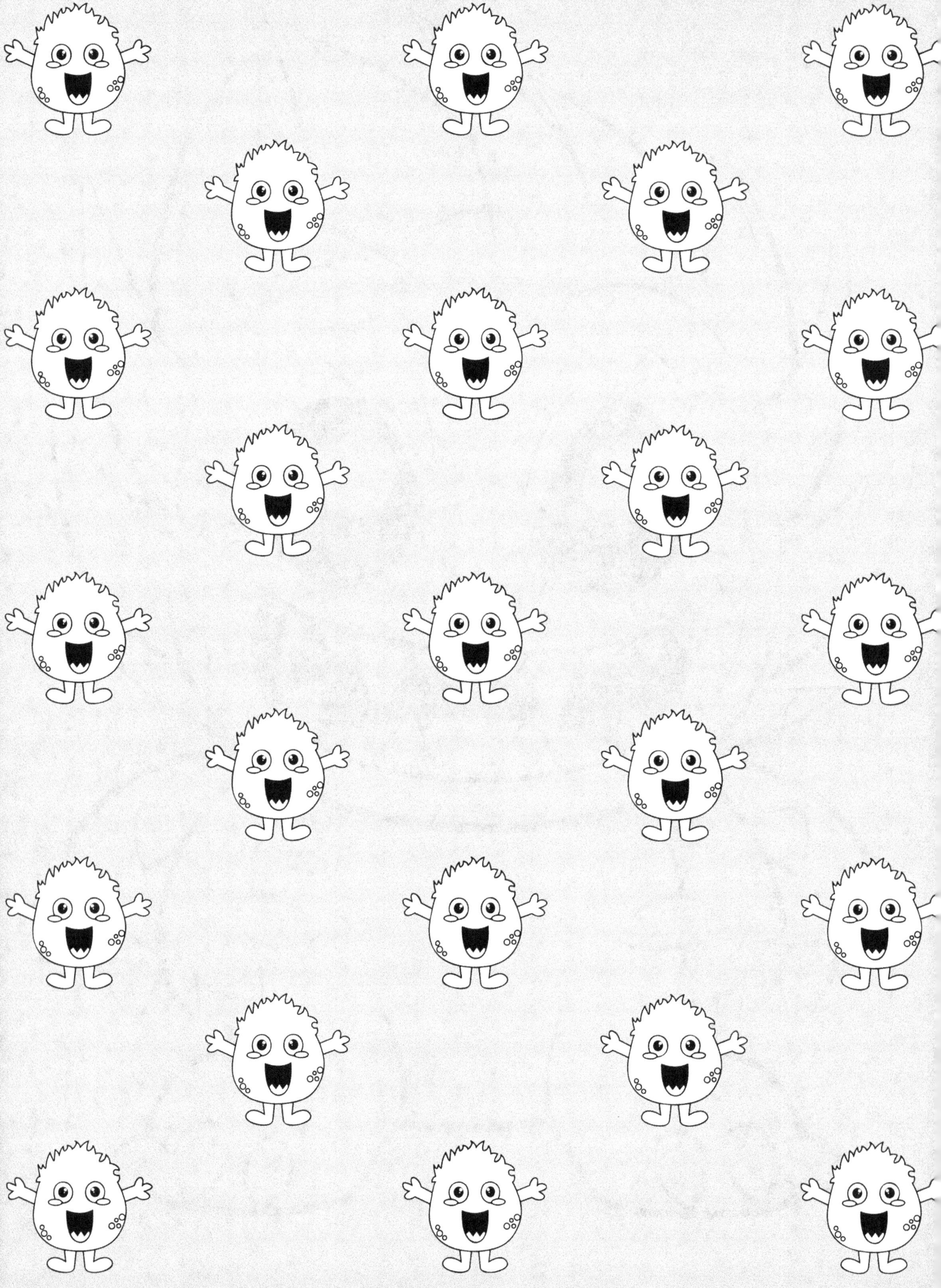

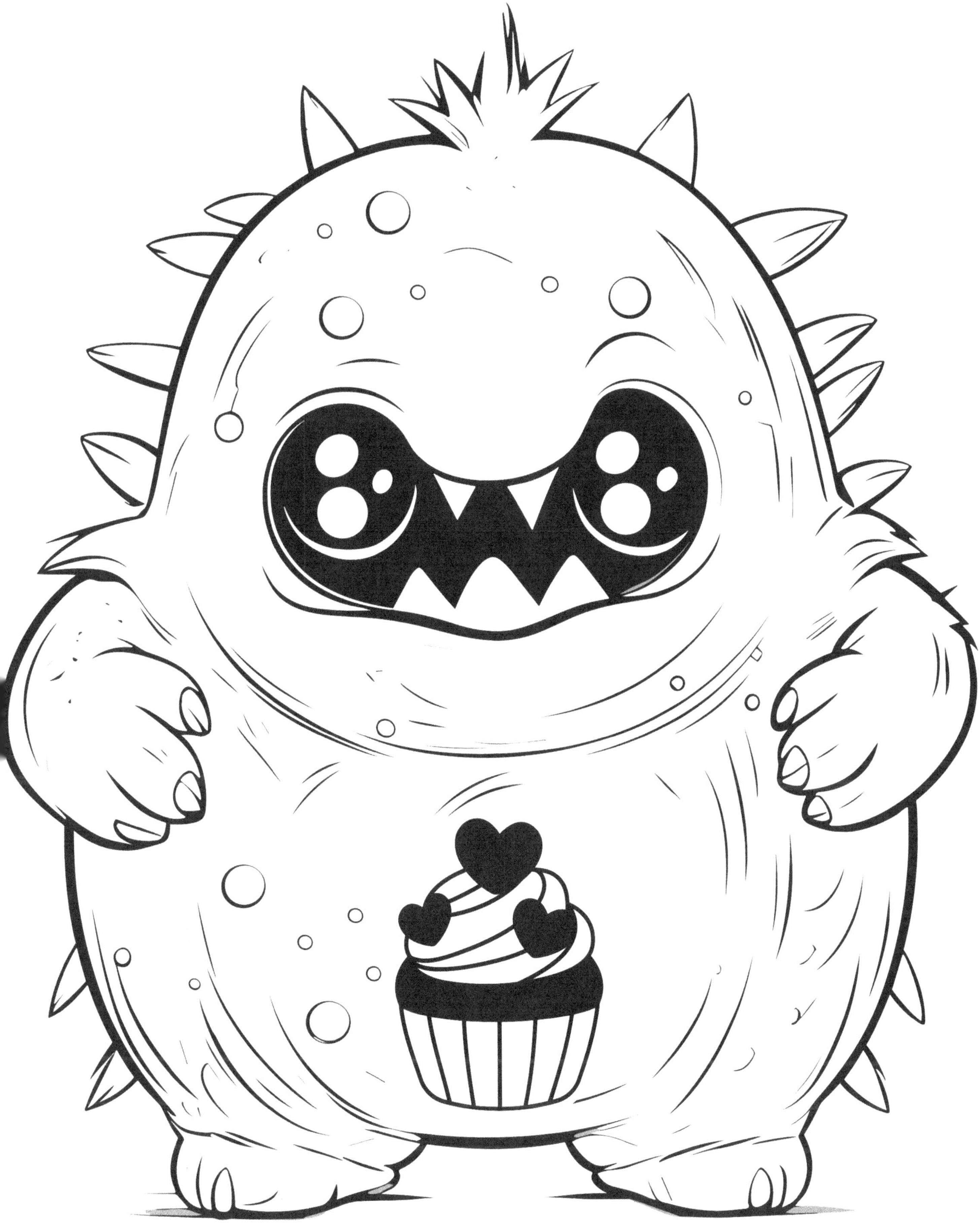

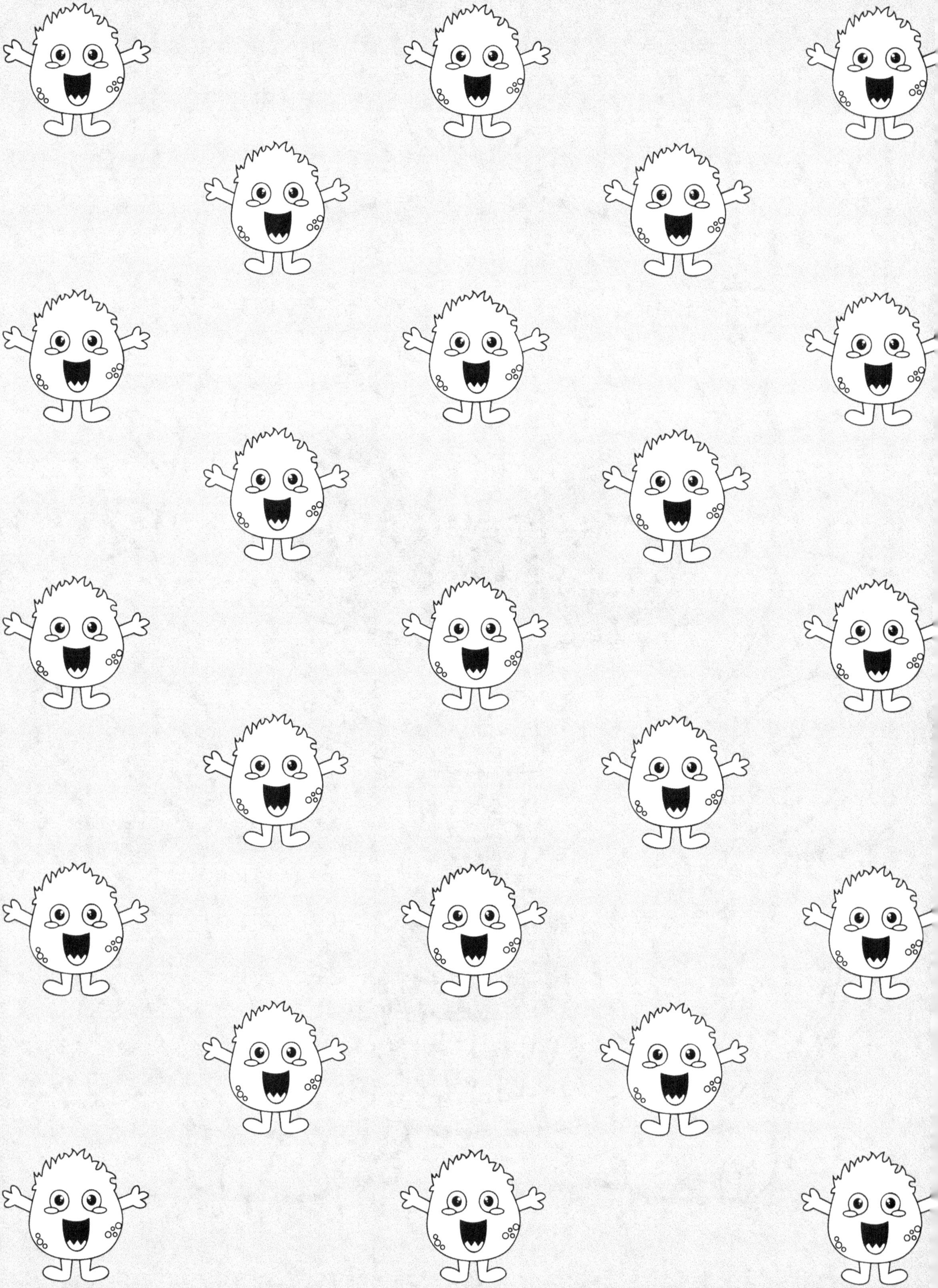

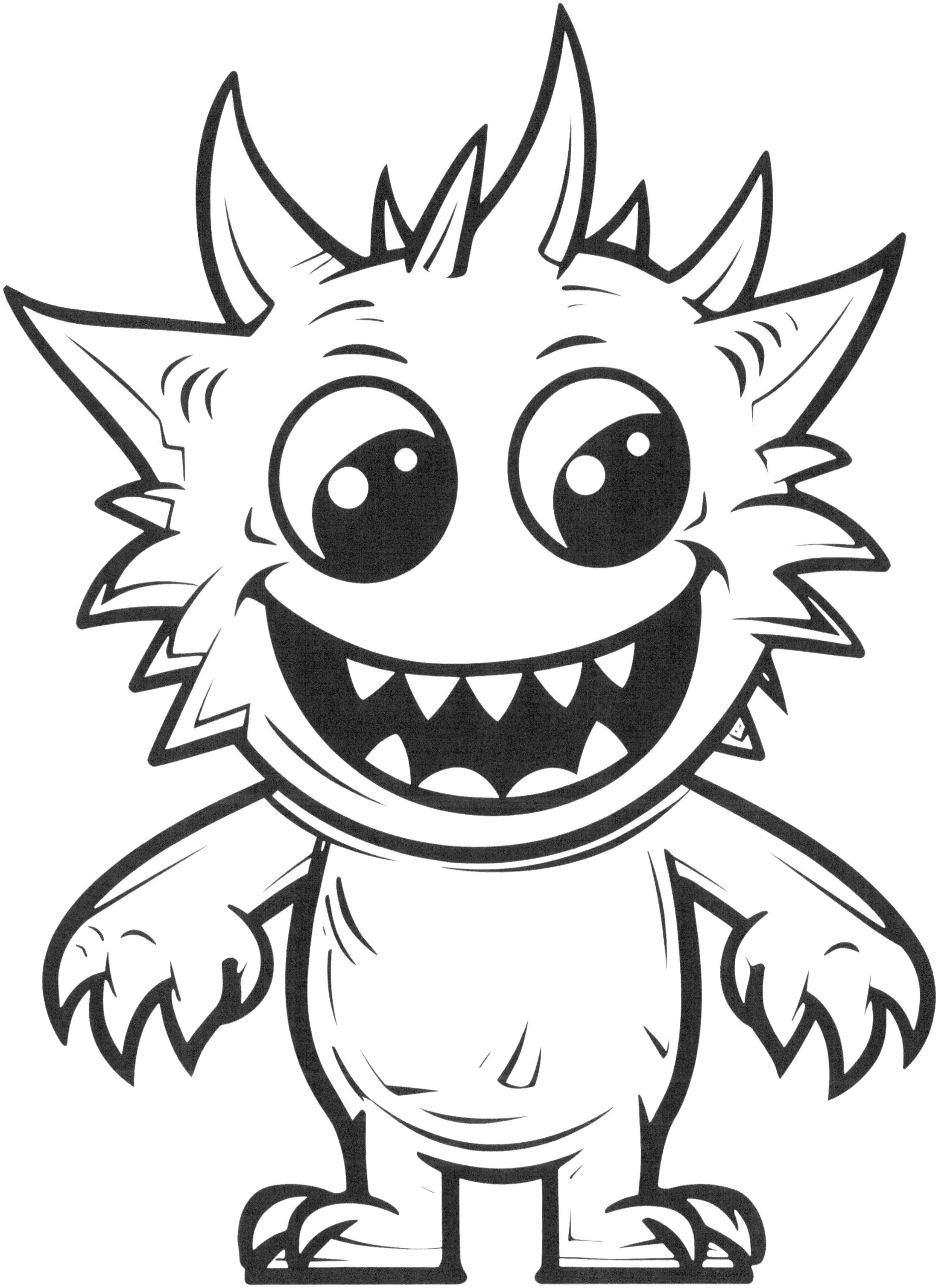

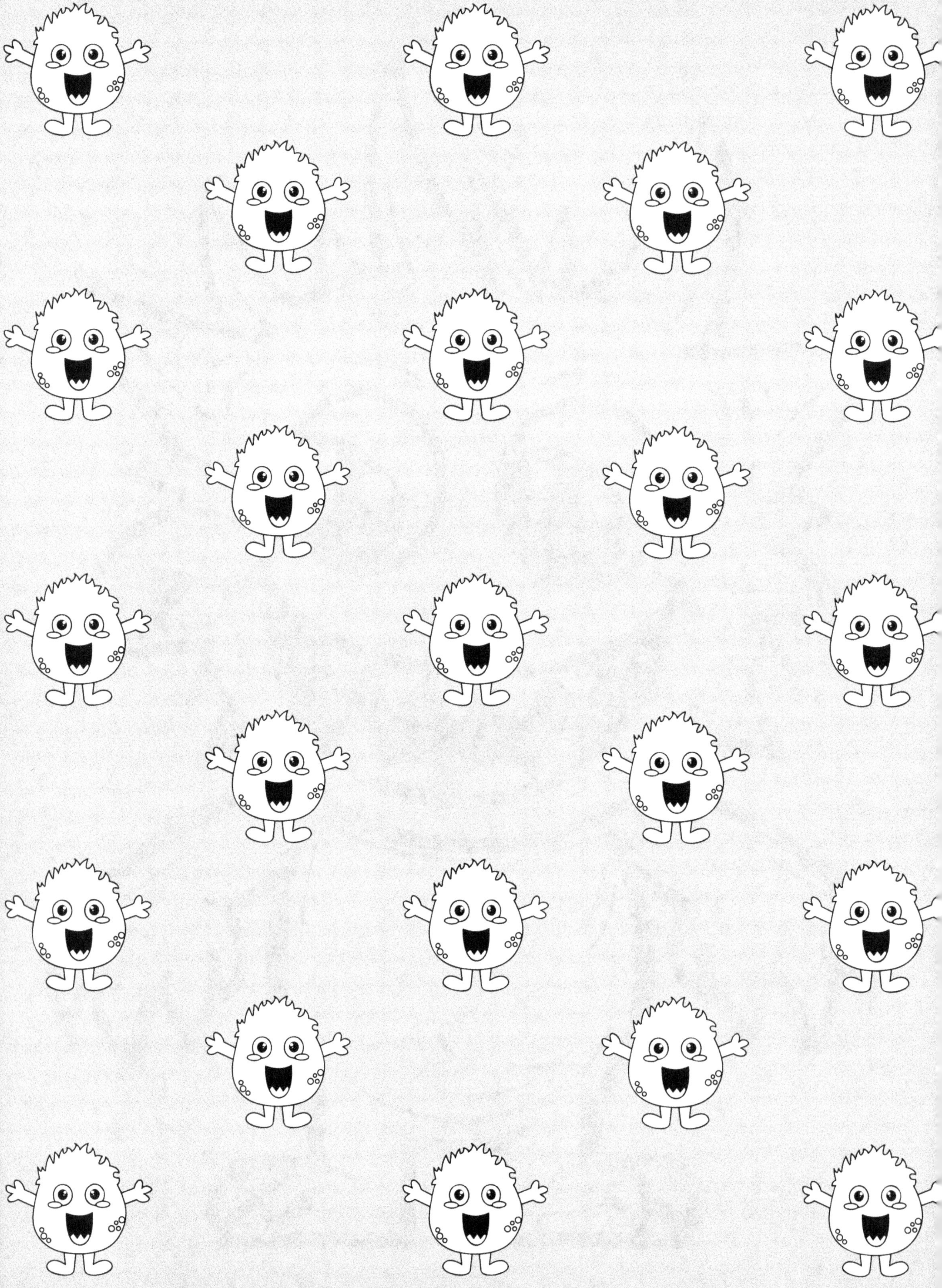

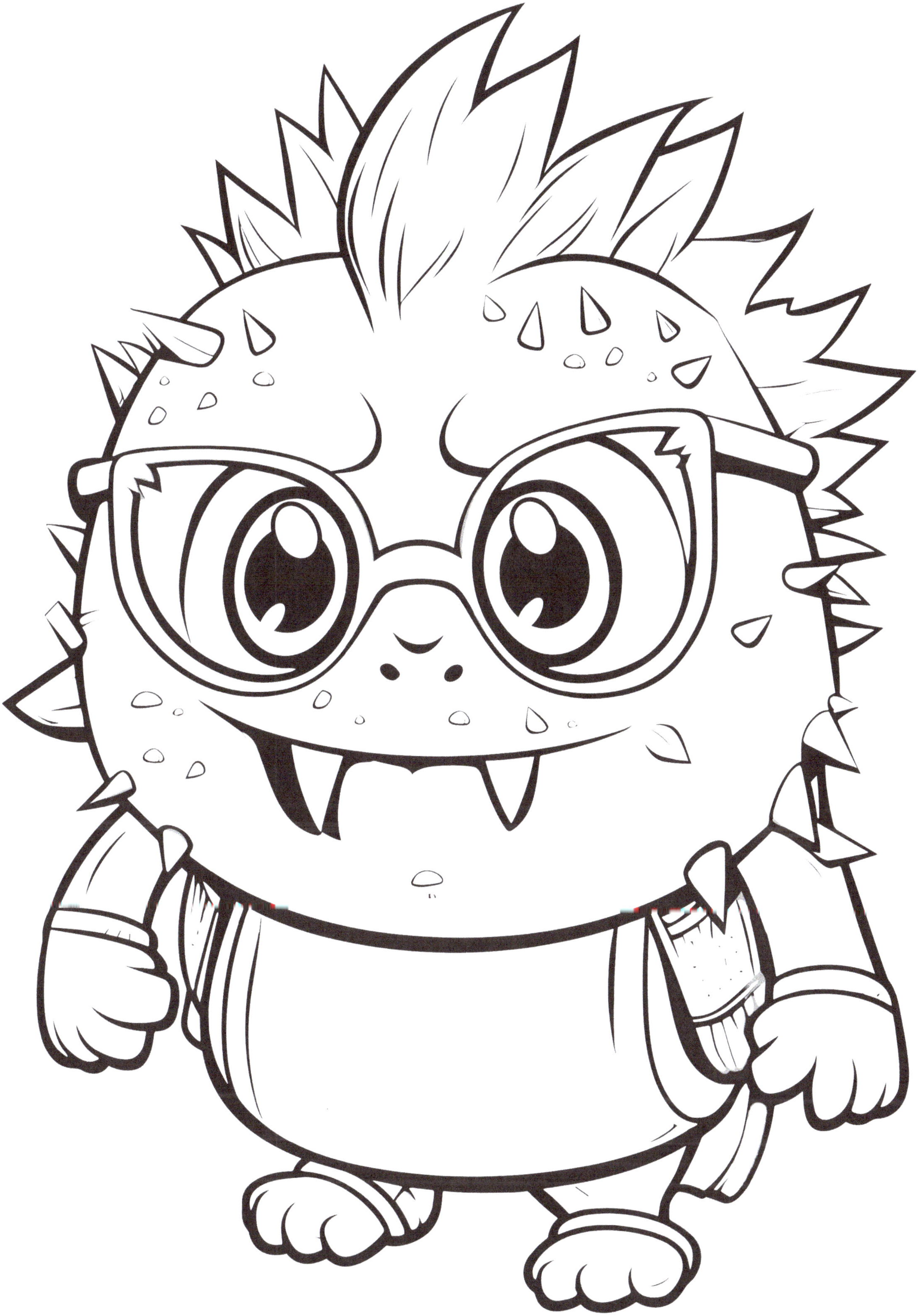

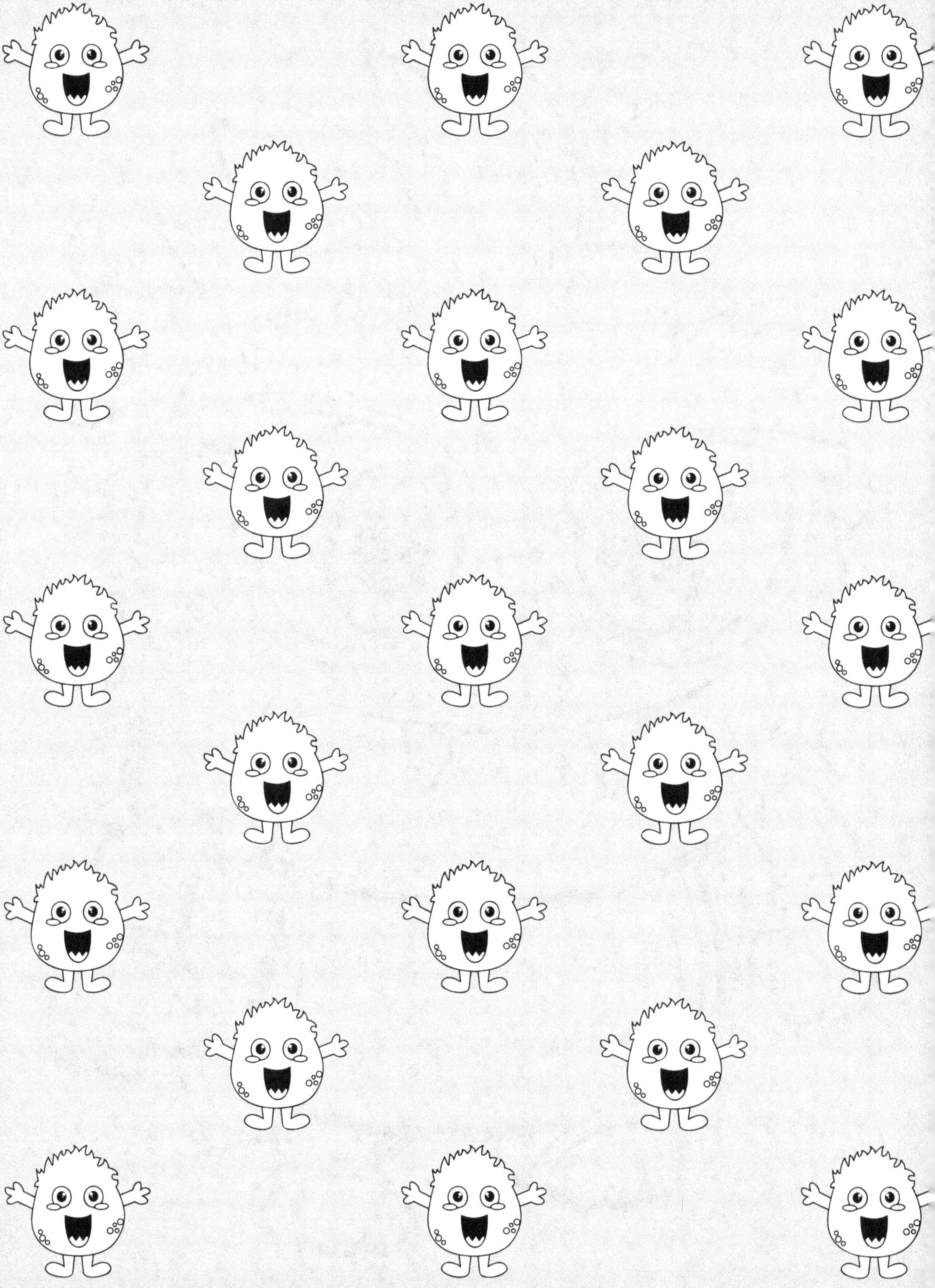

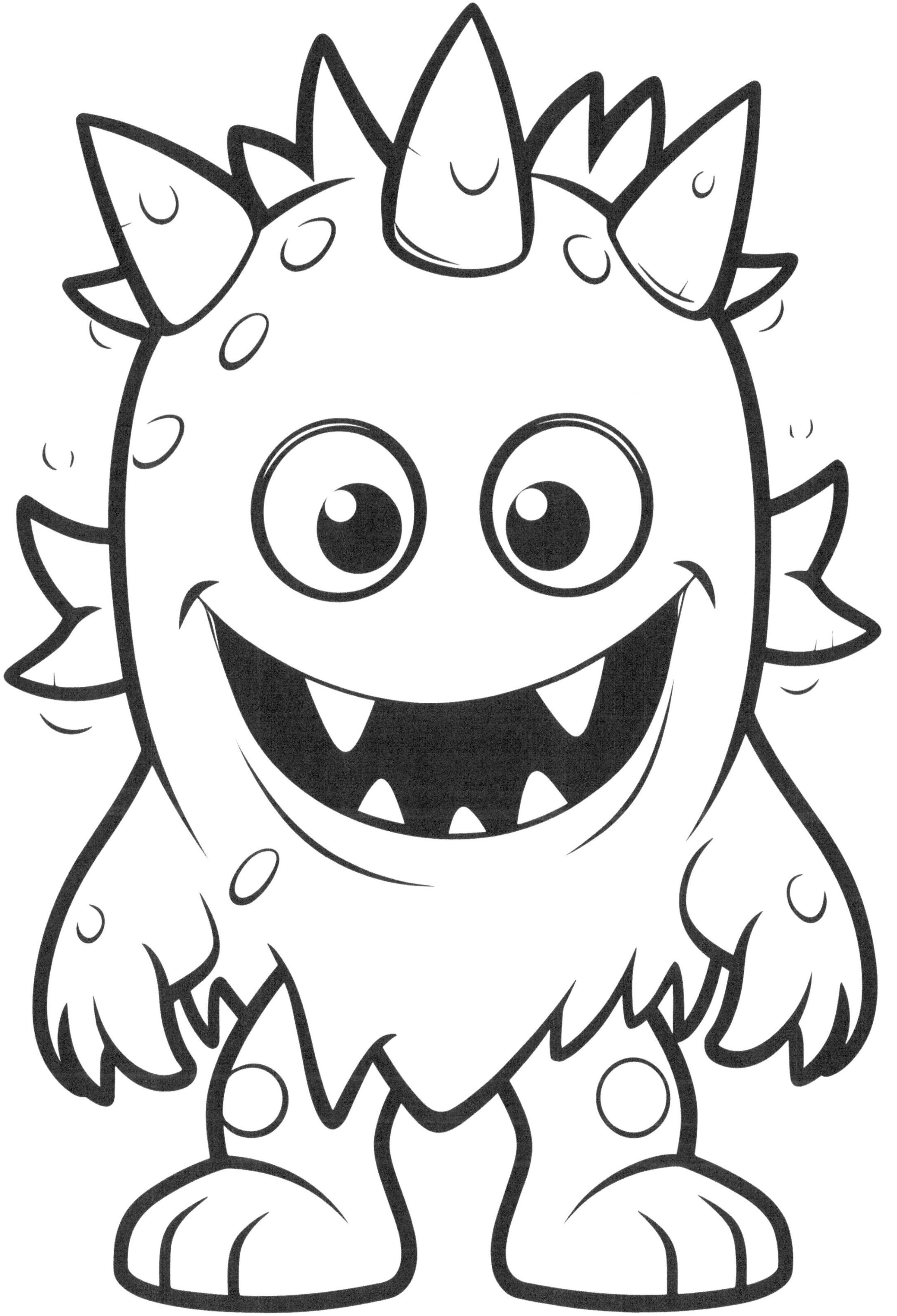

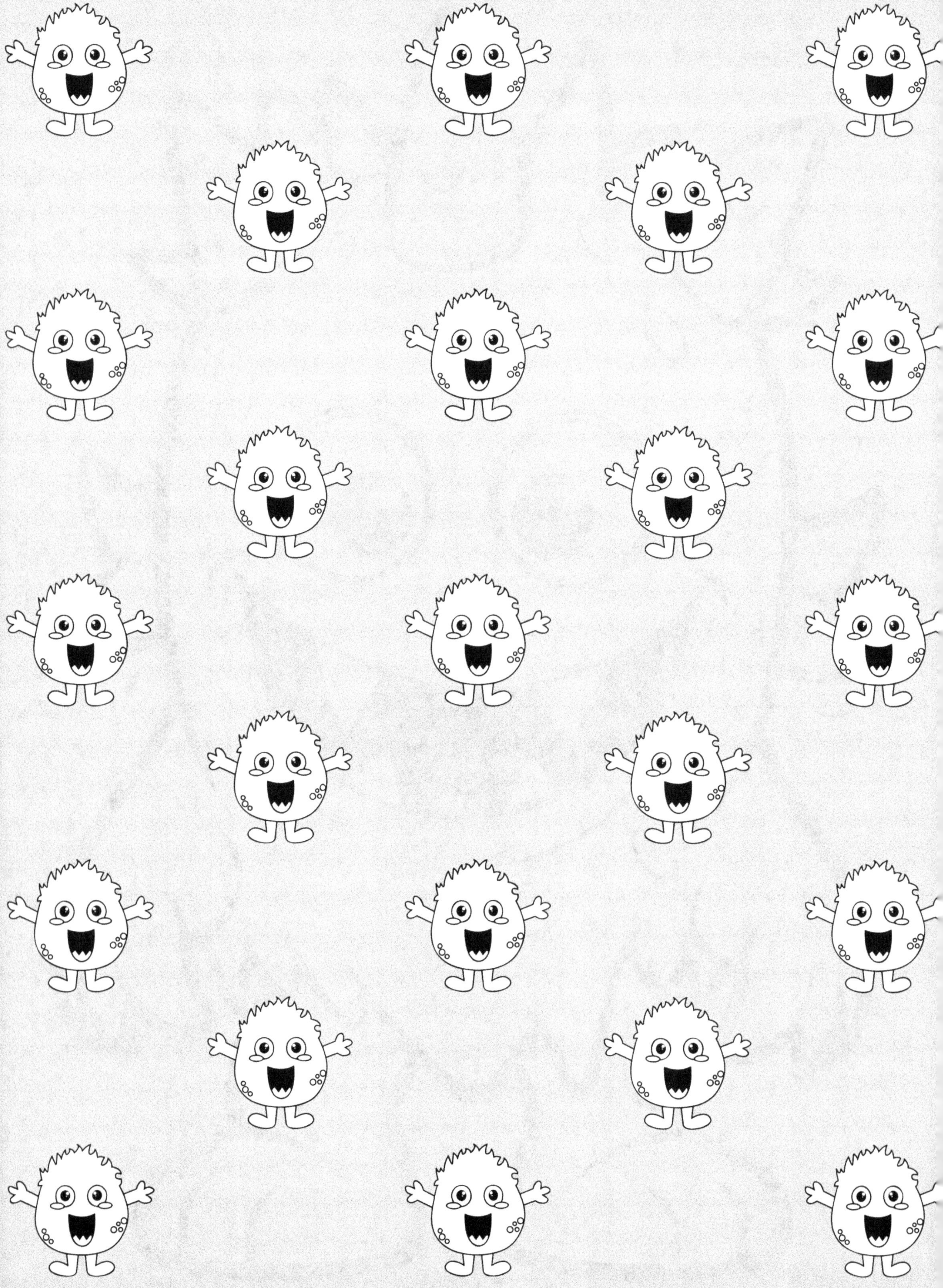

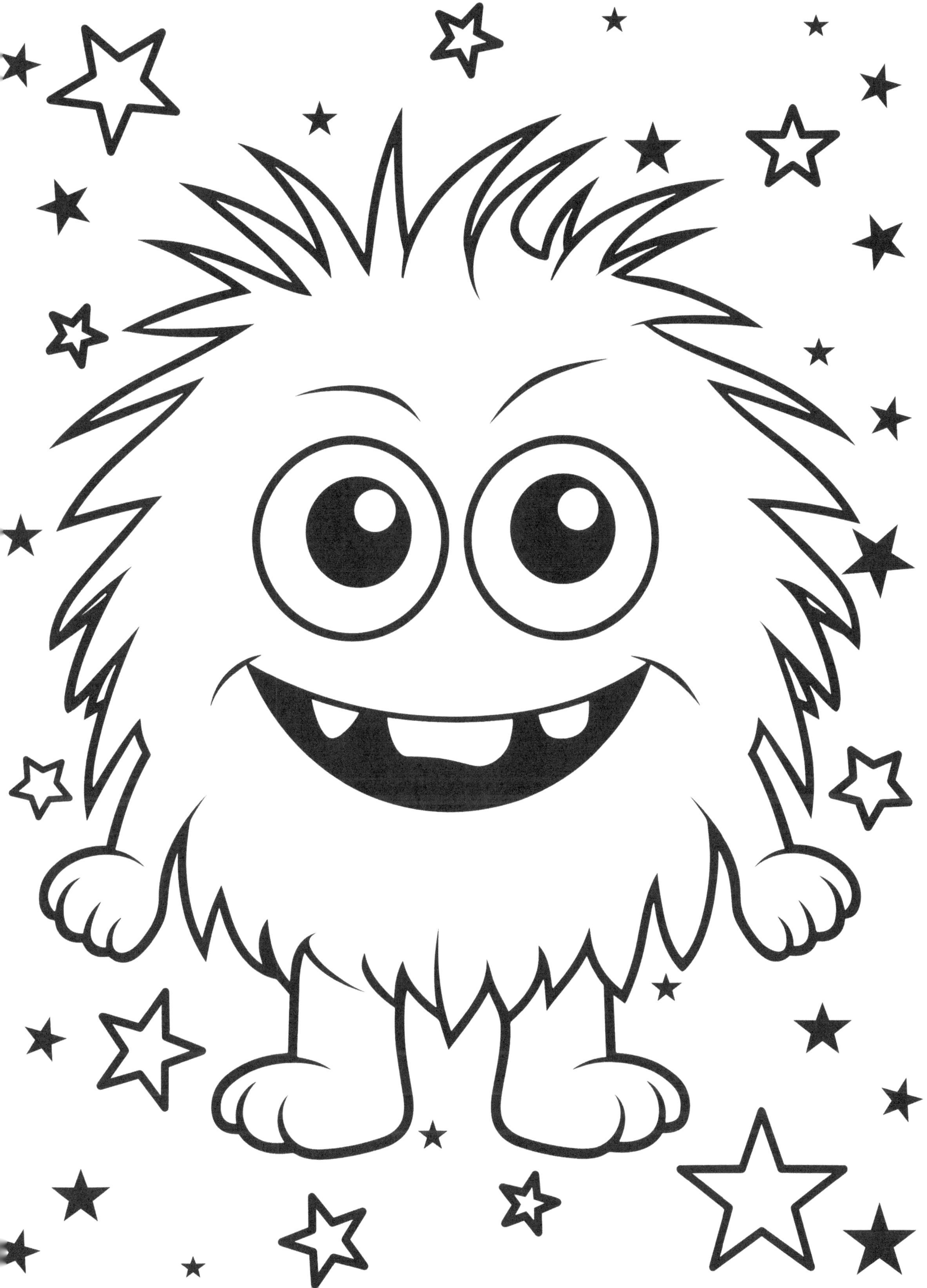

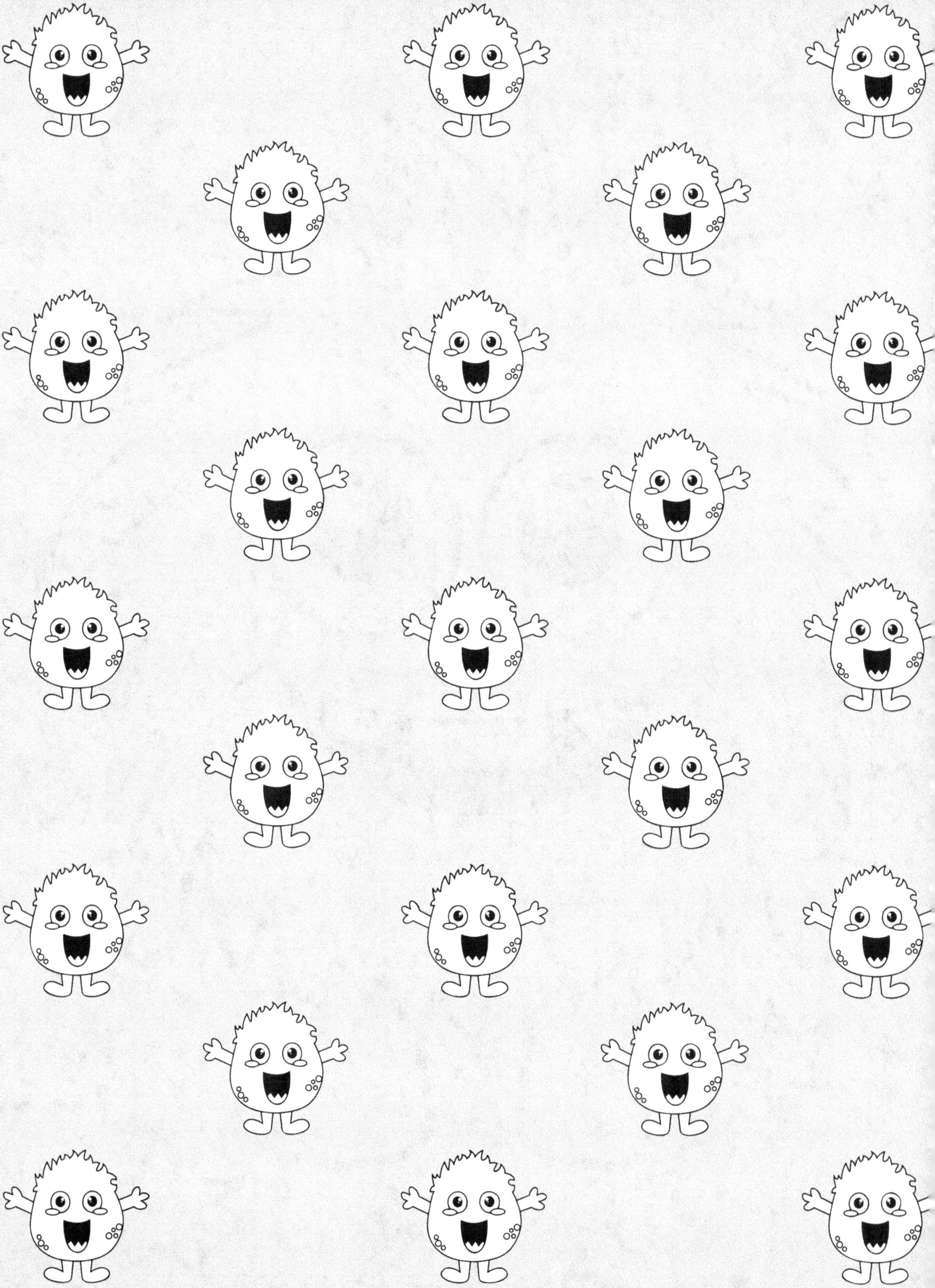

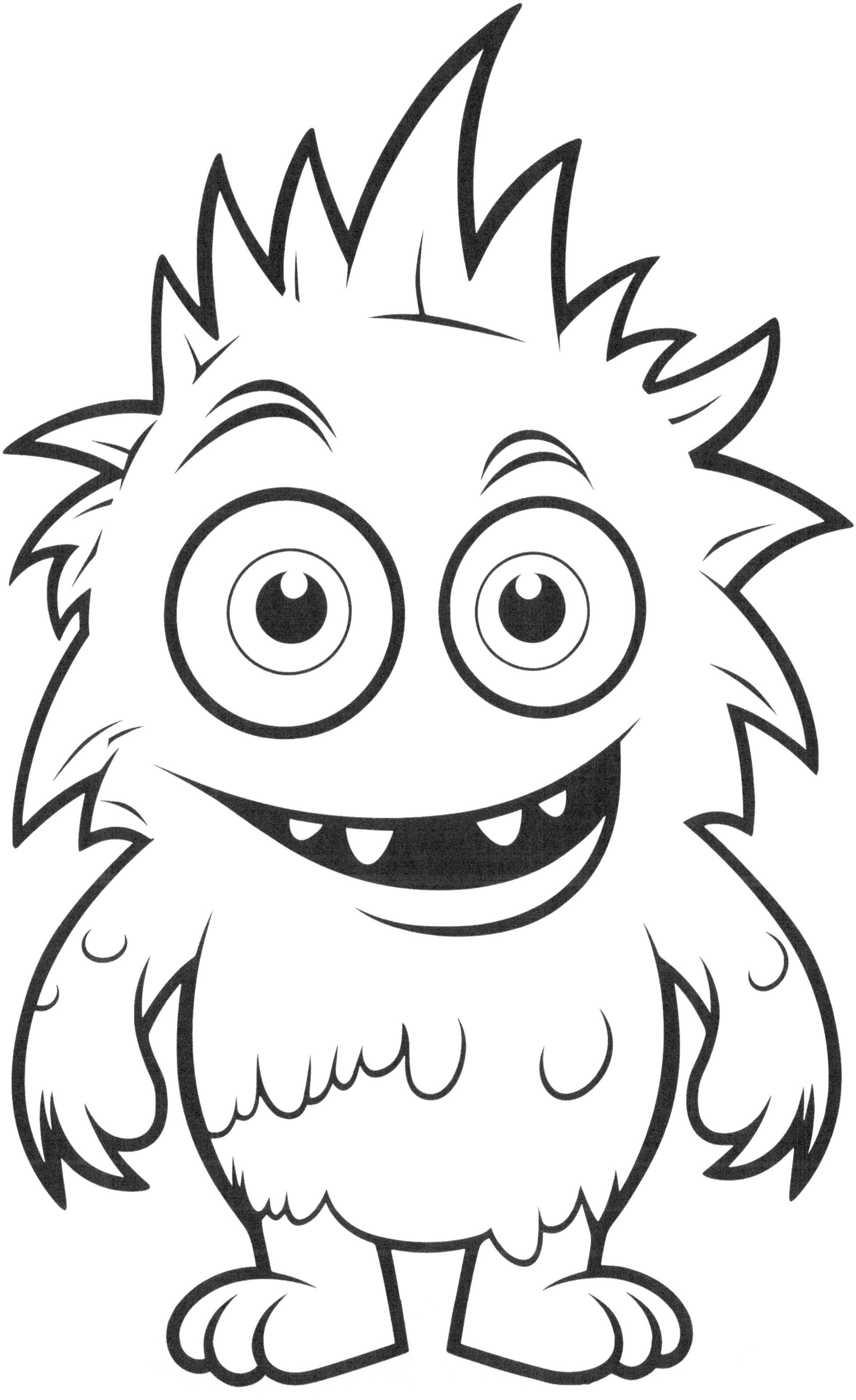

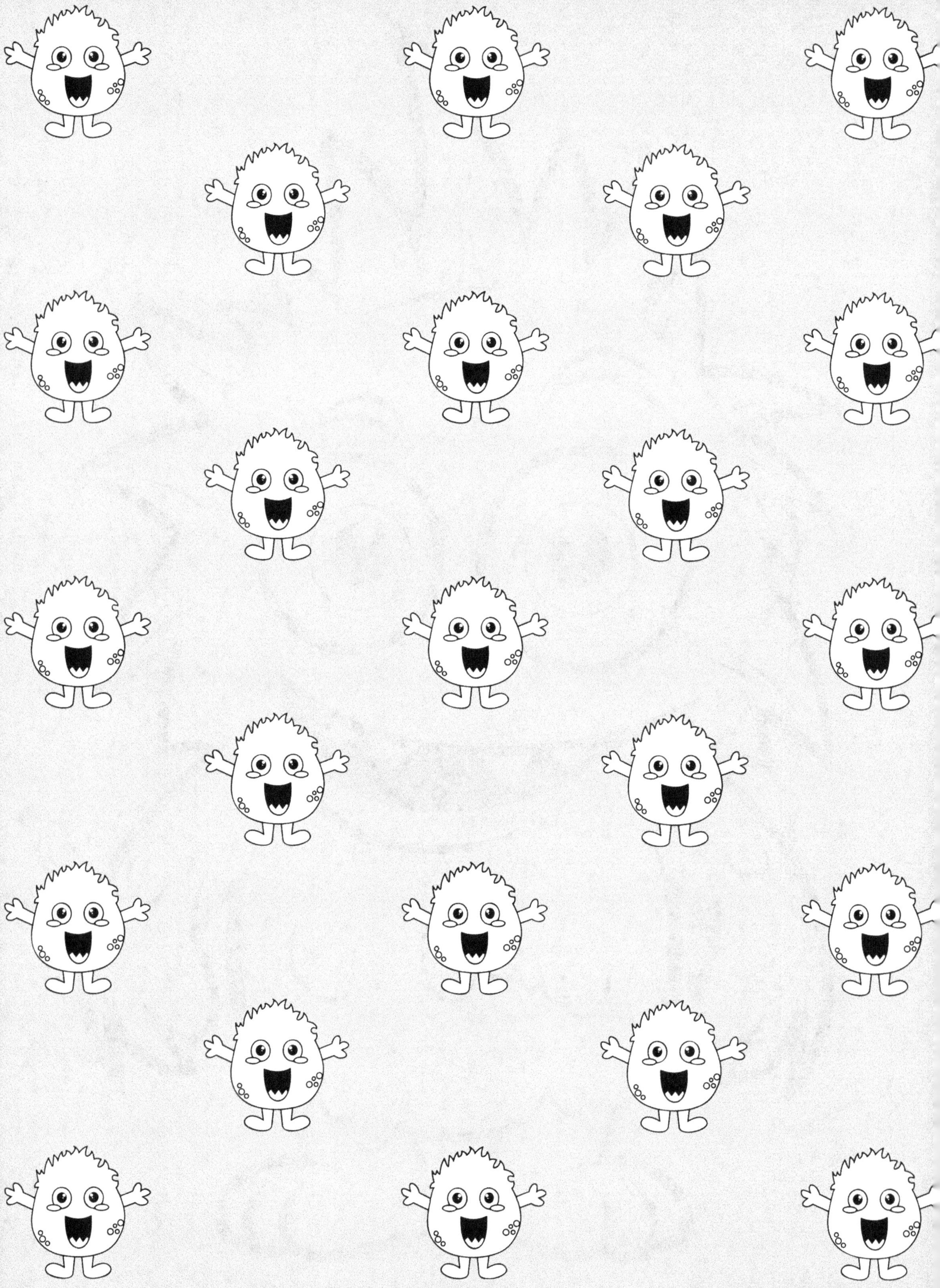

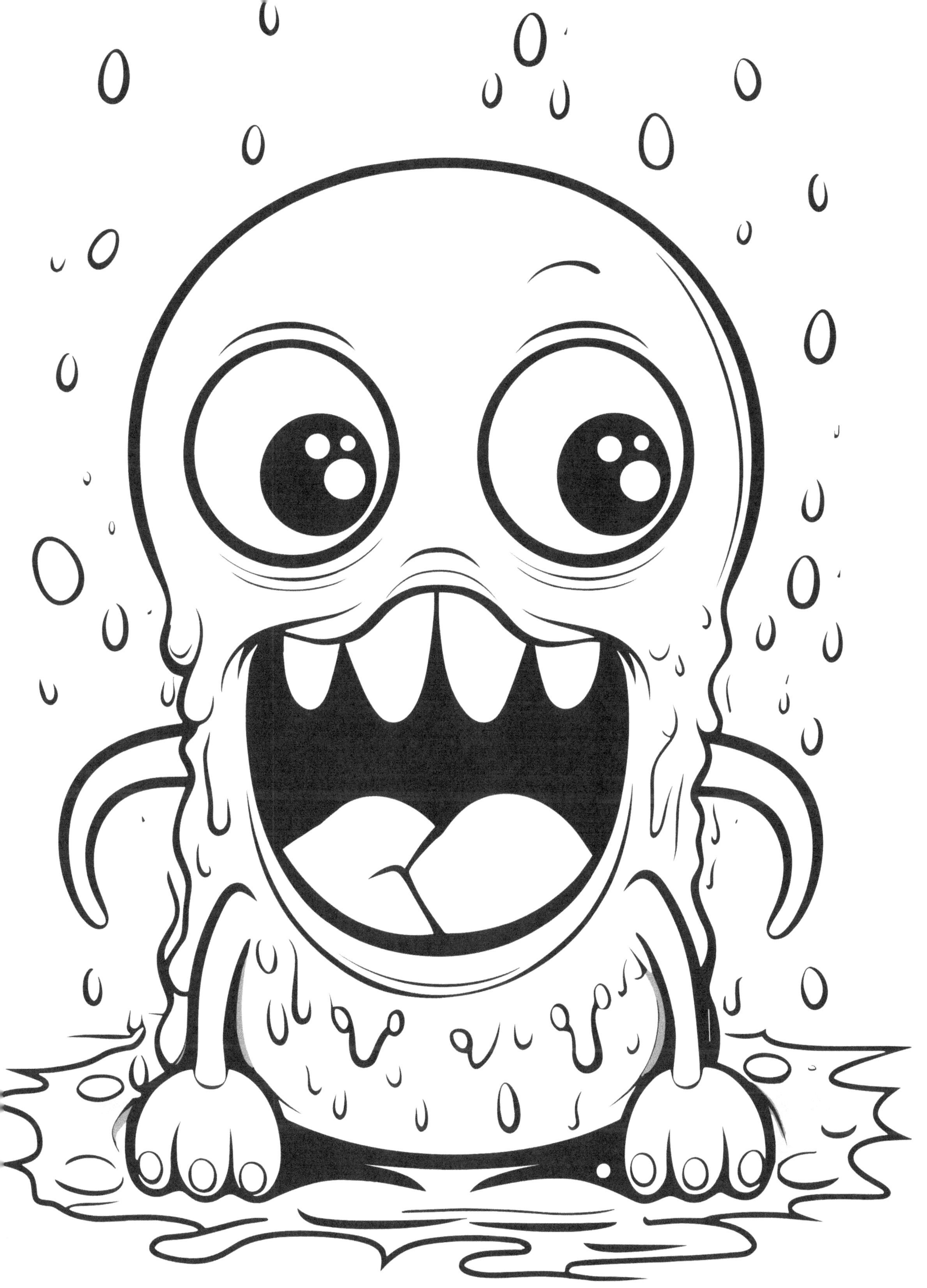

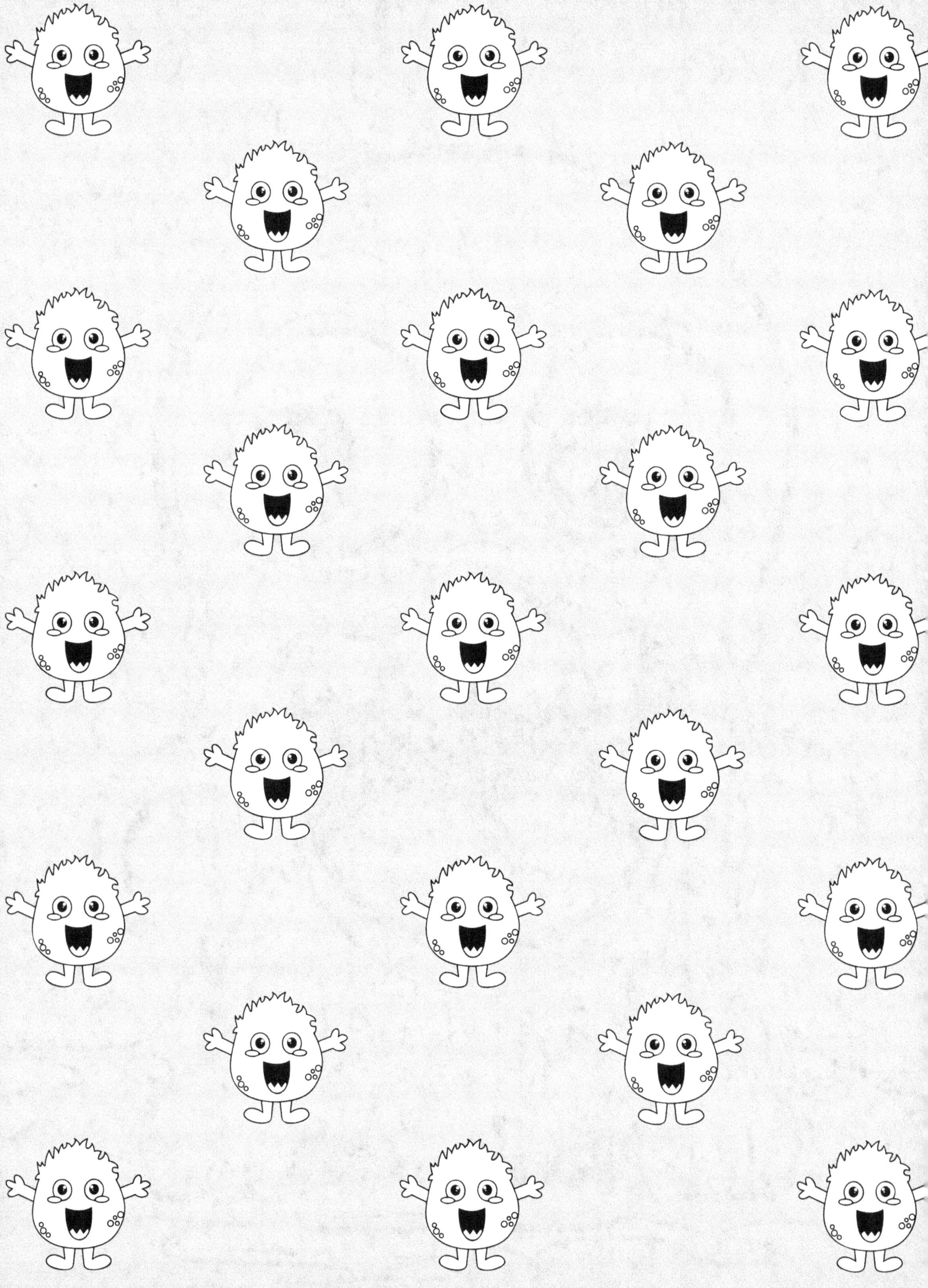

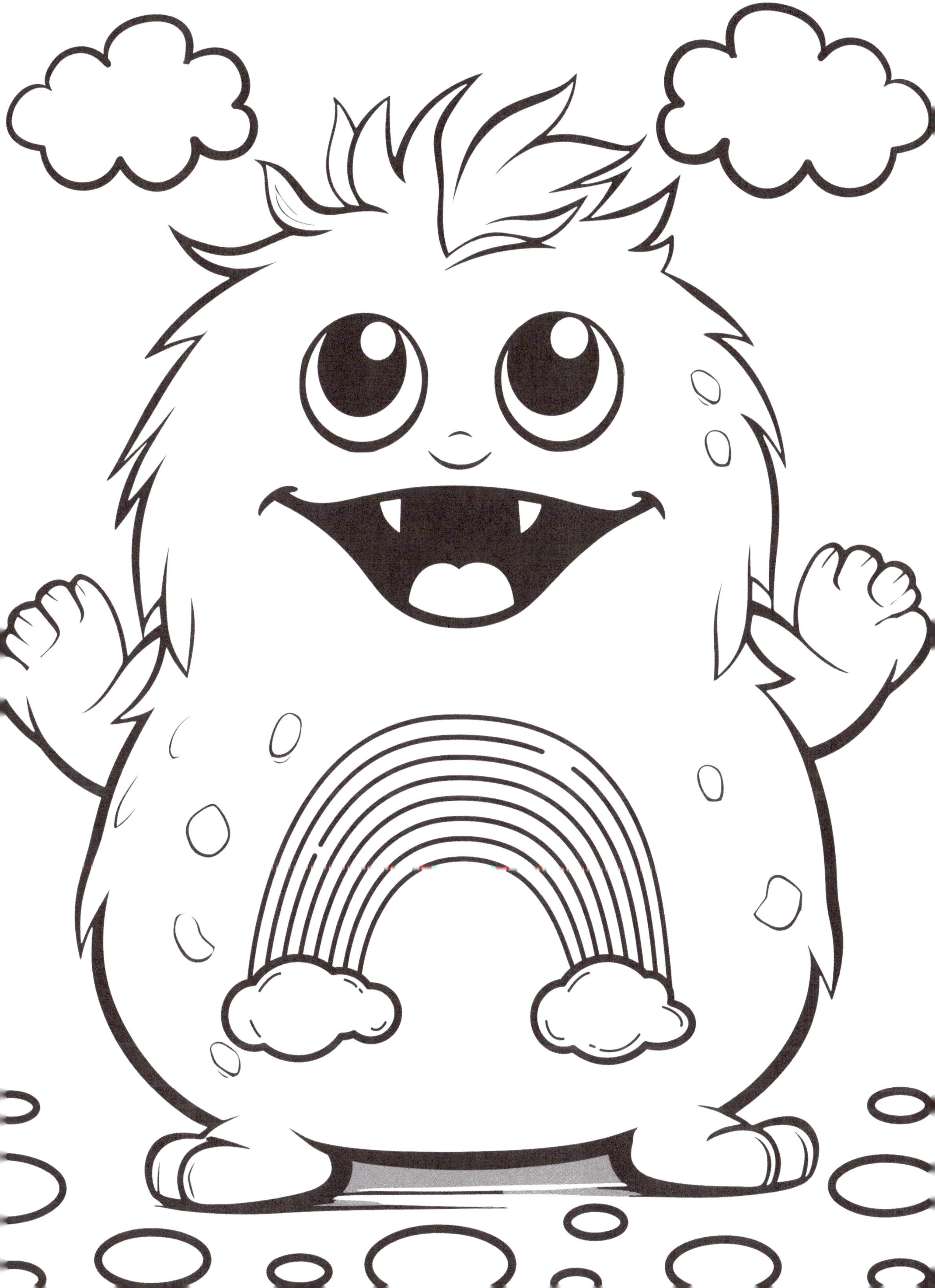

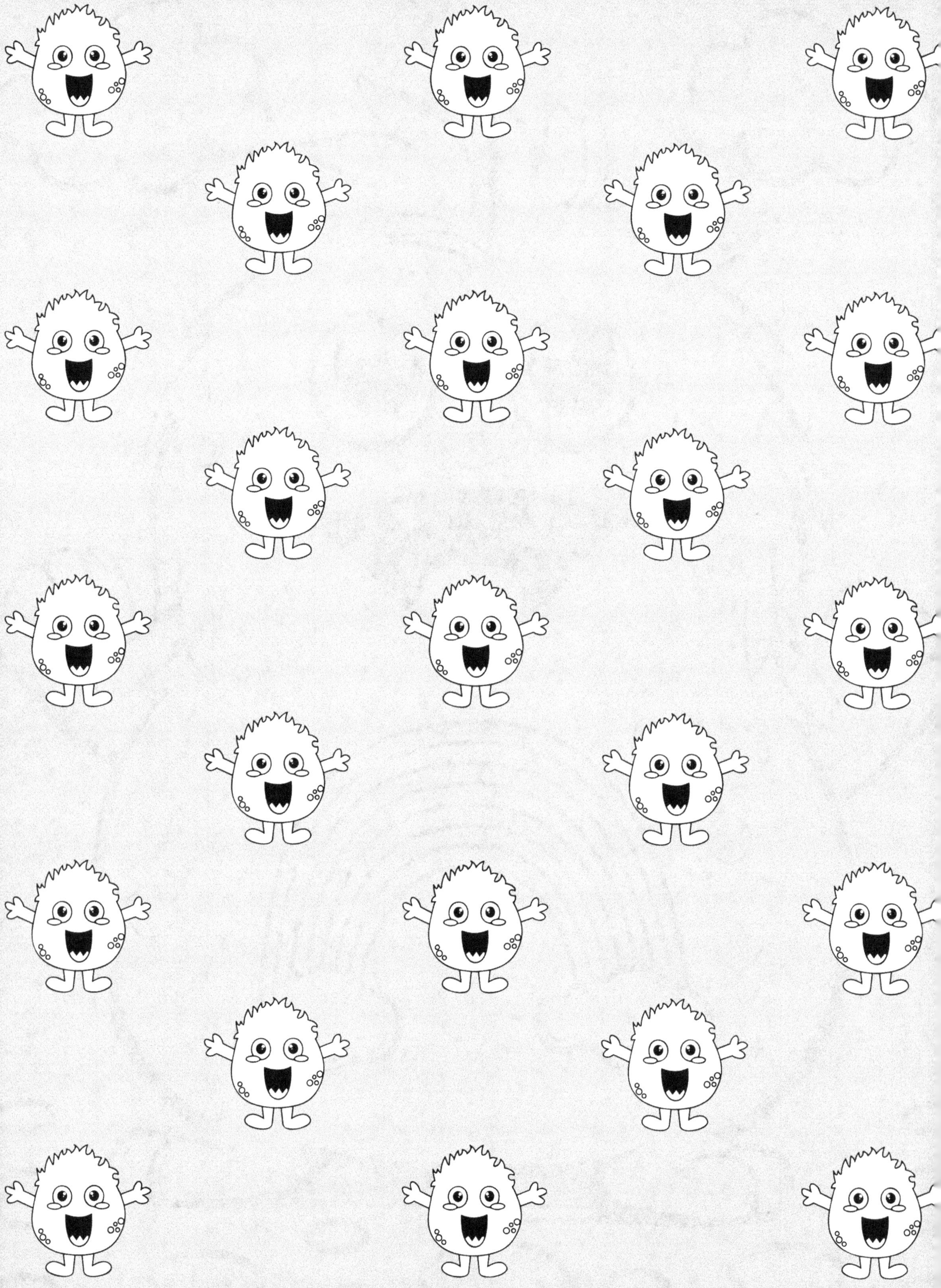

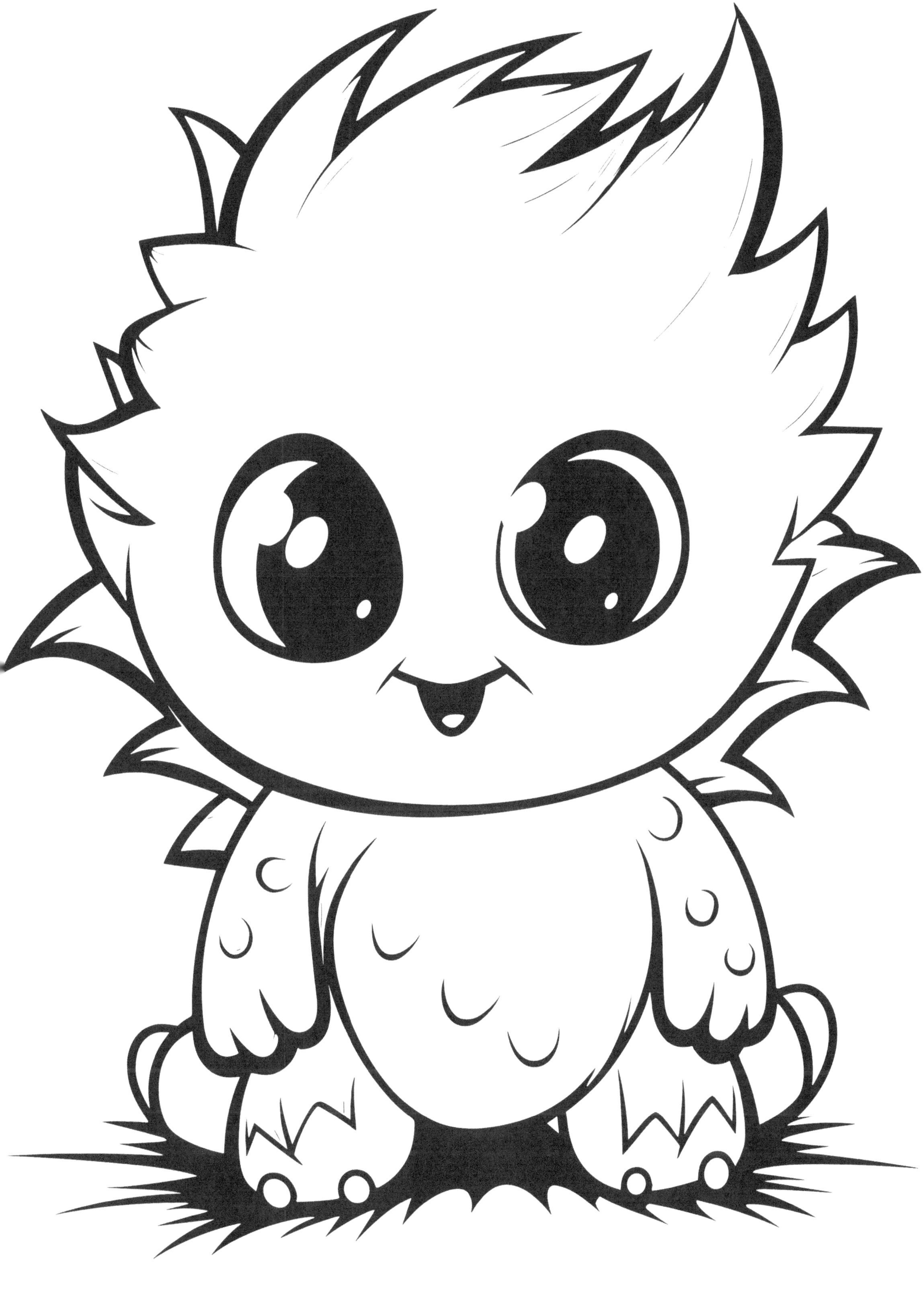

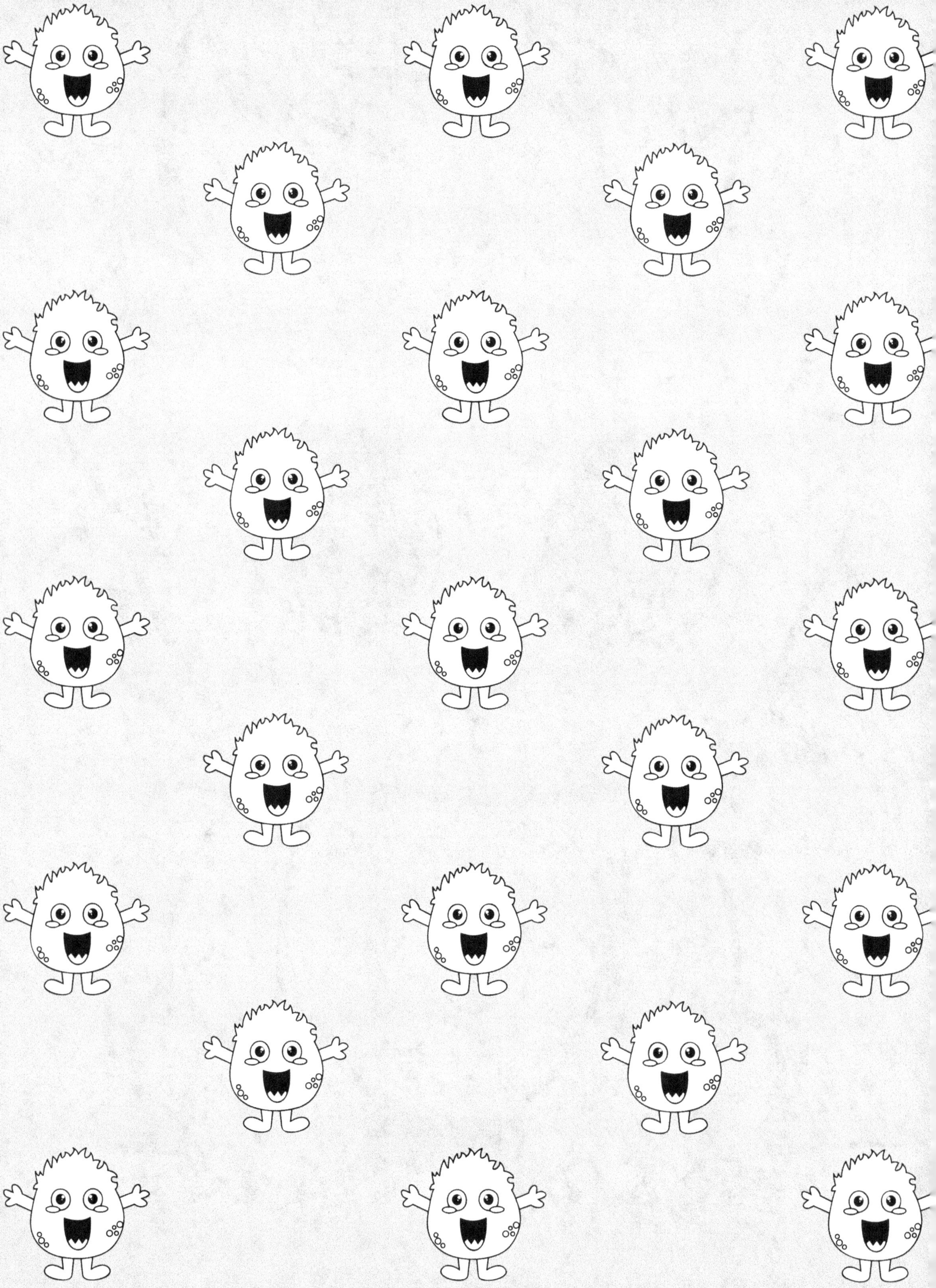

www.ingramcontent.com/pod-product-compliance
Lightning Source LLC
Chambersburg PA
CBHW080104010626
45794CB00014B/3109
* 9 7 9 8 8 6 2 4 9 7 4 4 1 *